Schriften zur Medienwirtschaft und zum Medienmanagement

herausgegeben von
Prof. Dr. Mike Friedrichsen
Prof. Dr. Martin Gläser

Band 7

Katrin M. Hackenschuh / Dr. Thomas Döbler /
Prof. Dr. Michael Schenk

Der Tageszeitungsverlag im digitalen Wettbewerb

Geschäftsmodelle für das Online-Angebot

Nomos Verlagsgesellschaft
Baden-Baden

Bibliografische Information Der Deutschen Bibliothek

Die Deutsche Bibliothek verzeichnet diese Publikation in
der Deutschen Nationalbibliografie; detaillierte bibliografische
Daten sind im Internet über http://dnb.ddb.de abrufbar.

ISBN 978-3-8329-0566-8

1. Auflage 2004

Inhaltsverzeichnis

Abbildungsverzeichnis

Tabellenverzeichnis

Abkürzungsverzeichnis

ARPA	Advanced Research Projects Agency
BDZV	Bundesverband Deutscher Zeitungsverleger e.V.
CD-ROM	Compact Disk – Read only Memory
CEO	Chief Executive Officer
CERN	Conseil Européen pour la Recherche Nucléaire
CR	Concentration Rate
CRM	Customer Relationship Management
DVD	Digital Versatile Disc
FTP	File Transfer Protocol
GWB	Gesetz gegen Wettbewerbsbeschränkungen
IRC	Internet Relay Chat
HTML	Hypertext Markup Language
HTTP	Hypertext Transfer Protocol
IT	Informationstechnologie
Ltd.	Limited
P2P	Peer-to-Peer
PDF	Portable Document Format
SMS	Short Message Service
TCP/IP	Transmission Control Protocol / Internet Protocol
TKP	Tausender-Kontakt-Preis
UMTS	Universal Mobile Telecommunications System
URL	Uniform Resource Locator
WAP	Wireless Application Protocol
WWW	World Wide Web

1. Der Tageszeitungsverlag im Wandel - eine Einführung

Schon im Dezember 1994 hatte Wilhelm Sandmann, der ehemalige Präsident des Bundesverbandes Deutscher Zeitungsverleger e.V. (BDZV), seine Kollegen gewarnt: „Die Zeitungshäuser müssen die Entwicklung einer digitalen Informationskultur mitsteuern und auch mitgestalten. Denn wenn sie dies nicht tun, werden es andere tun".[1] Diese Warnung gilt es vor dem Hintergrund zu sehen, dass die Tageszeitungsverlage seit einigen Jahren einem fast radikal zu nennenden Wandel unterworfen sind, der in erster Linie durch den technologischen Fortschritt verursacht wurde. So wird die Branche seit den 1990er Jahren mit neuen digitalen Informations- und Kommunikationstechnologien konfrontiert, durch deren Einsatz sich nicht nur interne Leistungserstellungsprozesse optimieren lassen. Diese haben darüber hinaus erstmalig einen maßgeblichen Anteil daran, dass sich die Wertschöpfungskette, Absatzmärkte und Wettbewerbsverhältnisse der Tageszeitungsverlage nachhaltig verändern. Insbesondere das Internet, das sich seit der zweiten Hälfte der neunziger Jahre in einer rasanten Geschwindigkeit als Informations-, Kommunikations-, und Vertriebsmedium etabliert, stellt die Tageszeitungsverlage vor große Herausforderungen. Konnten sie als Folge der Pressekonzentrationsphase in den 60er und 70er Jahren noch überwiegend als lokale und regionale Monopole in ihren Verbreitungsgebieten agieren, bringt ihnen das Internet neue standortunabhängige publizistische und ökonomische Konkurrenz wie Netzzeitungen oder reine Online-Anzeigenanbieter. Diese stellen dabei zunehmend nicht nur eine Konkurrenz für die Online-Angebote der Tageszeitungsverlage dar, sondern bedrohen inzwischen auch ganz nachhaltig traditionelle Geschäftsfelder, wie beispielsweise das des Anzeigenmarktes der gedruckten Tageszeitung.

Über die Schwierigkeiten im Umgang mit den intensivierten Wettbewerbsverhältnissen hinaus, ist es den Tageszeitungsverlagen bis heute nicht gelungen, ihr Online-Engagement auf eine tragfähige Refinanzierungsbasis zu stellen. Das Dilemma der Branche: ihr traditionelles Geschäftsmodell, das auf einer additiven Generierung von Vertriebs- und Anzeigenerlösen basiert, lässt sich auf das Internet nicht erfolgreich übertragen. Trotz der stetig wachsenden Zugriffszahlen auf ihre Online-Angebote bleiben ihre Einnahmen nach wie vor auf einem niedrigen Niveau. Im Internet hat sich eine „Kostenlos-Kultur" etabliert, die sich gerade auch auf publizistische Angebote erstreckt. So sind auch die wiederholten Versuche der Einführung von Abonnements und Gebühren für redaktionelle Inhalte von Tageszeitungsverlagen auf die Ablehnung der Nutzer gestoßen. Und auch die Erlöse, die sie in ihrer Funktion als Online-

1 Hier zitiert nach BDZV (Hrsg.), 1994, S. 1 u. S. 7.

Werbeträger generieren, liegen weit hinter ihren Erwartungen zurück. Aus diesen Gründen hat wahrscheinlich kein Thema den Entscheidungsträgern der Branche in den letzten Jahren ein solches Kopfzerbrechen bereitet, wie die Frage nach der Art der Gestaltung ihres Online-Engagements. Und noch heute, bereits zehn Jahre nach dem Beginn des World Wide Web und sieben Jahre nachdem Protagonisten der Tageszeitungsbranche mit eigenen Online-Angeboten im Internet präsent waren, beschäftigen sie sich weiterhin mit der Frage, welche Geschäftsmodelle ihre Wettbewerbsfähigkeit stärken und wirtschaftlich erfolgreich sein können.

Mit der vorliegenden Publikation ist nun die Zielsetzung verbunden, den digitalen Wettbewerb von Tageszeitungsverlagen im Internet zu analysieren sowie geeignete Geschäftsmodelle zur Stärkung ihrer Wettbewerbsposition im Online-Markt darzustellen und zu diskutieren. Gegliedert in vier Hauptkapitel wird im nächsten,

- im zweiten Kapitel zunächst auf untersuchungsrelevante Aspekte eingegangen, die als Fundament für die Wettbewerbsanalyse und der Erörterung von möglichen Geschäftsmodellen für Tageszeitungsverlage im Internet dienen. Es erfolgt eine knappe Darstellung des technologischen Fortschritts, der maßgeblichen Anteil daran hat, dass sich Tageszeitungsverlage in neuen Geschäftsfeldern betätigen sowie veränderten Wettbewerbsverhältnissen ausgesetzt sind. Ein Blick auf die Entwicklung und Nutzung des Internet in seiner Eigenschaft als Kommunikationsmedium und elektronischer Marktplatz schließt diesen Teil ab. Ferner erfolgt die Vorstellung des neuen Geschäftsfeldes „Web-Publishing" sowie dessen Potenzial für die Tageszeitungsverlage. Die Situation der Tageszeitungsverlage auf dem Online–Markt kann nicht vollkommen isoliert von der aktuellen Situation in den traditionellen Märkten betrachtet werden. Ein Überblick über die Marktstruktur, die Entwicklungen in den traditionellen Absatzmärkten sowie ihrer gegenwärtigen wirtschaftlichen Situation ist erforderlich. Im Anschluss daran werden gegebene Online-Angebote der Tageszeitungsverlage im Internet dargestellt.

- Im dritten Kapitel wird eine Situationsanalyse vorgenommen, anhand derer aufgezeigt werden kann, wie sich der Wettbewerb im Internet aus Sicht der Tageszeitungsverlage gegenwärtig darstellt. Nach einer Beschreibung der Merkmale des digitalen Wettbewerbs, wird dann der Untersuchungsgegenstand festgelegt und das eingesetzte Analyseinstrumentarium vorgestellt.

- Kapitel vier beschäftigt sich mit den möglichen Geschäftsmodellen, die die Tageszeitungsverlage im Internet verfolgen können. Hierfür ist zunächst eine theoretische Annäherung an die Fragestellung und die Auswahl eines geeigneten Theorieansatzes erforderlich. Es folgt die Vorstellung idealtypischer Geschäftsmodelle, die sich für Online-Angebote im Internet herauskristallisiert haben. Sie werden aus Sicht der Tageszeitungsverlage bewertet. Das Kapitel schließt mit einem Ausblick auf Entwicklungen, die notwendig werden, wenn die Branche im digitalen Wettbewerb bestehen will.

- Abgeschlossen und - so hoffen wir - auch abgerundet wird das Buch mit zwei Fallbeispielen in Kapitel fünf. Diese beinhalten ausgewählte Online-Angebote der Mediengruppe Süddeutscher Verlag, München, sowie der Zeitungsgruppe Stuttgart, die anhand eines ausgewählten, idealtypischen Geschäftsmodellansatzes analysiert und vergleichend gegenübergestellt werden.

2. Untersuchungsrelevante Aspekte

2.1 Technologischer Fortschritt als Ursache der veränderten Wettbewerbsverhältnisse

Auf die Frage nach den wesentlichen Determinanten der Entwicklung von Wirtschaft und Gesellschaft können die sich gegenseitig bedingenden Faktoren Deregulierung,[2] Technologisierung und Globalisierung genannt werden.[3] Von diesen Faktoren ist wiederum der technologische Fortschritt derjenige, der in Bezug auf die sozio-ökonomische Entwicklung als am einflussreichsten erachtet wird. Dieser hat sowohl bei Veränderungen von Branchenstrukturen, wie diese beispielsweise gegenwärtig in der Medienindustrie vor sich gehen, als auch bei dem Entstehen neuer Branchen und Absatzmärkte eine ganz entscheidende Rolle inne.[4] Eine der größten technologischen Innovationen der letzten Jahrzehnte ist die Digitalisierung, denn „wie immer man die gegenwärtige Entwicklung bezeichnen mag, ob als ‚Medienwende', ‚Kommunikations-revolution' oder Wandel zur postindustriellen ‚Informationsgesellschaft', unstrittig ist, dass der digitalen Technologie dabei eine Schlüsselrolle zufällt".[5] Die Auswirkungen der Digitalisierung sind so gravierend, dass sogar von einer „digitalen Revolution" gesprochen wird.[6] Dabei stellt die Digitalisierung zunächst eine Basistechnologie dar, von der Zerdick et al. prognostizieren, dass sie zunehmend alle wertschöpfenden Aktivitäten der Wirtschaft erfassen wird.[7] Wie diese technologische Innovation bereits die Wettbewerbsverhältnisse der Tageszeitungsverlage nachhaltig verändert hat, wird in den folgenden Abschnitten erläutert, doch zunächst soll auf die Wesensmerkmale der Technologie selbst eingegangen werden.

2.1.1 Digitalisierung als Antriebskraft des technologischen Fortschritts

Zumindest seit Einführung des Personal Computers Mitte der 70er Jahre gewann die Digitalisierung stetig an Bedeutung. Digitalisierung bezeichnet die Transformation jeglicher Formen von Information (Sprache, Text, Bild, Ton oder Bewegtbild) in binäre

---

2 Mit dem aus amerikanischen ordnungspolitischen Konzepten stammende Begriff der Deregulierung wird der Abbau von staatlichen Eingriffen in den marktwirtschaftlichen Prozess bezeichnet, sofern sich diese als Hemmnisse bei der wirtschaftlichen Entwicklung erweisen (vgl. Gauron, 1995, S. 31).

3 Vgl. Bieger/Rüegg-Stürm, 2002, S. 15.

4 Vgl. Ivenz/Engelbach/Delp, 1999, S. 11.

5 Beck/Glotz/Vogelsang, 2000, S. 47.

6 Vgl. Tapscott, 1996, S. 11.

7 Vgl. Zerdick et al., 2001, S. 16.

Werte, den so genannten Bits, als kleinste eigenständige Informationseinheit. Dadurch wird die Information für den Computer identifizierbar, lesbar und verarbeitbar. Alles, was sich als Information begreifen lässt, kann digitalisiert werden. Diese löst sich dadurch von ihrem Trägermedium, wird in gewissem Sinne ortlos, „immateriell“ und ist prinzipiell auf alle anderen digitalen Medien übertragbar.[8] Digitalisierte Informationen lassen sich, im Gegensatz zu materiellen Gütern, ganz nach Belieben kopieren, tauschen, transferieren, verkaufen oder verschenken. Hierfür besteht zu keiner Zeit die Notwendigkeit, dass sie ihr ursprünglicher Besitzer jemals abgeben müsste. Bits kann man veräußern und gleichzeitig behalten: Das Original und die Kopie sind absolut identisch. Bits unterliegen keiner Abnutzung. Digitale Informationsprodukte können nach einer einmaligen Erstellung unbegrenzte Verwendung finden. Sie lassen sich praktisch ohne Zusatzaufwand, über Computernetzwerke millionenfach reproduzieren und verteilen. Bei digitalisierten Informationen entsteht nur Entwicklungsaufwand, die Grenzkosten der Vervielfältigung und Verteilung sind annähernd Null.[9] Negroponte stellt weitere Eigenschaften des binären Codes dar: „Man benötigt keine Lagerhallen: Bits haben kein Gewicht und bewegen sich mit Lichtgeschwindigkeit. Bits halten sich nicht an Grenzen, ihre Bewegungen lassen sich in einer vernetzten Wirtschaft praktisch nicht kontrollieren oder behindern: Der Marktplatz für Bits ist global“.[10]

2.1.1.1 Digitalisierung als Basis von Konvergenzprozessen

Ein Begriff der im Zuge der Digitalisierung häufig genannt wird, ist jener der Konvergenz. Dabei ist der Begriff in diesem Zusammenhang sehr umstritten.[11] Die grundlegende Bedeutung des Begriffes stammt aus den Bereichen der Mathematik und Medizin. Hier bedeutet Konvergenz Annäherung, Zusammenlaufen, Streben nach demselben Ziel oder auch Übereinstimmung.[12] Heinrich weist darauf hin, dass die technischen Folgen der Digitalisierung in Form der Konvergenz nicht systematisch-ökonomisch induziert wurden, sondern „vermutlich eher zufällig“ entstanden sind.[13] Sie betrifft dabei folgende Bereiche:

- *Konvergenz der Empfangsgeräte / Endgeräte*: Basierend auf der allumfassenden digitalen Technologie sind bereits heute viele Endgeräte mit multiplen Funktionen ausgestattet. So ist es beispielsweise möglich mit einem Mobilfunkgerät Bilder und E-Mails zu versenden, mit einem Fernseher durch das Internet zu surfen oder auch

8 Vgl. Beck/Glotz/Vogelsang, 2000, S. 47.
9 Vgl. Klotz, 2000, S. 10.
10 Hier zitiert nach Zerdick et al., 1999, S. 15.
11 Vgl. Europäische Kommission (Hrsg.), 1997, S. 1.
12 Vgl. Wissenschaftlicher Rat der Dudenredaktion (Hrsg.), 1990, S. 428.
13 Vgl. Heinrich, 2001, S. 204.

ein Notebook als Diktiergerät und CD-Player einzusetzen. Die Bereiche der Computertechnik, Telekommunikation und Unterhaltungselektronik sind zwischenzeitlich nicht mehr eindeutig voneinander abzugrenzen. Wenn dieser Trend auch weiterhin gegeben ist und unterschiedliche „Geräte-Welten" und technologische Infrastrukturen immer stärker zusammenwachsen bzw. verschmelzen, so könnte dies letztendlich dazu führen, dass fast alle Anwendungen auf einem einzigen universellen Endgerät („All-in-One-Gerät") erfolgen oder zumindest über einen zentralen Server gesteuert werden können.[14]

- *Konvergenz der Vertriebswege:* Digitalisierte Informationen können prinzipiell über jedes Übertragungsnetz (Kabel, Satellit, Terrestrik) versendet werden. Für die Datenübertragung ist es aus technischer Perspektive nachrangig, welches Netz genutzt wird. Unterschiedlich sind nur noch die anfallenden Übertragungskosten, die Ausfallsicherheit und die Übertragungsgeschwindigkeit.[15]

- *Konvergenz der Darstellung von Medieninhalten und Mediengattungen:* Heute kann jegliche Art von Inhalt – Daten, Stand- und Bewegtbilder, Musik, Text – in digitaler Form aufgezeichnet, dargestellt, gespeichert und transportiert werden. Für alle Akteure, die sich am „Bit-Business" beteiligen, ergibt sich daraus die Möglichkeit, alle denkbaren Kommunikations-, Informations- und Unterhaltungsangebote zu einer „multimedialen Mixtur" zusammenzusetzen.[16] Dies hat zur Folge, dass die traditionellen Grenzen zwischen den einzelnen Mediengattungen zunehmend erodieren. So werden beispielsweise Verlagsunternehmen durch die Nutzung von Audiodateien und Videosequenzen in den klassischen Sektoren der Rundfunkanbieter aktiv. Fernseh- und Hörfunksender hingegen stellen in ihrem Online-Engagement Textdateien zur Verfügung.[17]

- *Sektorale Konvergenz (= Konvergenz verschiedener Branchen):* Sie steht für das Zusammenwachsen (durch eine Annäherung der Technologien, Verbindung der Wertschöpfungsketten und das Zusammenwachsen der Märkte) der ursprünglich weitgehend getrennt agierenden Branchen Medien-, Telekommunikations- und Informationstechnologie.[18] Auch hieraus folgt, dass überkommene strukturelle Abgrenzungen zunehmend hinfällig werden. Tapscott prognostiziert sogar, dass „die Branchen Computer (Hardware, Software und zugehörige Dienstleistungen), Kommunikation (Telefon, Kabel, Satelliten) und Inhalte (Verlagswesen, Unter-

---

14 Vgl. Beck/Glotz/Vogelsang, 2000, S. 48.
15 Vgl. Hofer, 1999a, S. 49 f.
16 Vgl. Pickshaus/Schwemmle, 1997, S. 177.
17 Vgl. van Eimeren/Gerhard, 2000, S. 338.
18 Vgl. Zerdick et al., 2001, S. 140.

haltung, Werbung) (...) zusammenfallen oder zusammenbrechen und schließlich zu einer neuen Branche verschmolzen werden".[19]

Gerade die sektorale Konvergenz wird am häufigsten zitiert, spiegelt sie doch den gestiegenen Wettbewerb um die Beherrschung zukünftiger Märkte wider.[20] Denn die betroffenen Branchen setzen den technologischen Fortschritt nicht nur ein, um ihre traditionellen Produkte bzw. Dienstleistungen weitergehend zu optimieren, sondern nutzen ihn auch für Diversifikationen, also für ein Erschließen von neuen Absatzmärkten durch das Ausweiten von Unternehmensaktivitäten auf andere Glieder der entstandenen Multimedia-Wertschöpfungskette.

2.1.1.2 Rekonfiguration von Wertschöpfungsstrukturen

Die Wertschöpfung bezeichnet den durch die Kombination von Produktionsfaktoren geschaffenen Wert, der in den einzelnen Erstellungsstufen hinzugefügt wird.[21] Die Aneinanderreihung von einzelnen Werterhöhungen ergibt dabei die Wertschöpfungskette. Die Wertschöpfung lässt sich als Differenz zwischen der Gesamtleistung einer Unternehmung (Umsatzerlöse, Bestandsveränderungen) abzüglich der notwendigen Vorleistungen (zugekauftes Material, externe Dienstleistungen, etc.) berechnen.[22] Wertschöpfende Aktivitäten werden auch als Prozesse gesehen, die für den Kunden Nutzen stiften.[23] Die Wertschöpfung lässt sich ferner aus drei verschiedenen Perspektiven zur Analyse von Volkswirtschaften und Wirtschaftsabläufen einsetzen.[24]

Aus mikroökonomischer bzw. betriebswirtschaftlicher Perspektive ist die Wertkette („value chain"), welche die einzelnen Wertschöpfungsstufen im betrieblichen Gütererstellungsprozess einer Unternehmung visualisiert, ein Instrument der wettbewerbsorientierten Unternehmensanalyse und dient der Strategieentwicklung.[25]

Aus makroökonomischer bzw. volkswirtschaftlicher Perspektive hingegen bildet die Summe der Wertschöpfung aller Unternehmen, die innerhalb einer bestimmten Zeitspanne und innerhalb eines bestimmten Wirtschaftsgebietes erstellt worden ist, eine Berechnungsgrundlage für das Bruttoinlandsprodukt (BIP).[26]

In einer zwischenperspektivischen Betrachtung („Meso-Ebene") lassen sich auch ganze Branchen anhand von Wertschöpfungsketten darstellen und analysieren.

---

19 Tapscott, 1996, S. 257.
20 Vgl. Europäische Union (Hrsg.), 1997, S. 1.
21 Vgl. Hennies, 2003, S. 193; vgl. Gordon, 2000, S. 31.
22 Vgl. Picot, 1991, S. 337.
23 Vgl. Zerdick et al., 2001, S. 31.
24 Vgl. Hofer, 1999b, S. 35.
25 Vgl. Zerdick, et al., 1999; vgl. Schneck, 1998, S. 779.
26 Vgl. Stiglitz, 1999, S. 655.

Durch die Digitalisierung und das Eintreten der sektoralen Konvergenz von bisher getrennt agierenden Branchen hat sich die wirtschaftliche Ausgangslage der Erstellung, Bündelung, Produktion und Distribution von Informationen und Unterhaltung, folglich die gesamte Wertschöpfungskette der Medienindustrie, nachhaltig verändert. Dabei liegt die maßgebliche Veränderung, die durch die digitale Technologie ausgelöst worden ist, darin, dass sich zuvor branchenfremde Unternehmen nun in einer einheitlichen (multimedialen) Wertschöpfungskette gegenüberstehen.[27] Dies hat zur Folge, dass die von dem sektoralen Konvergenzprozess betroffenen Branchen dazu übergegangen sind, ihre Wertschöpfungsstrukturen zu rekonfigurieren.

Nach Wirtz wird unter dem Begriff Rekonfiguration die Entbündelung und Neuordnung von Wertschöpfungsaktivitäten verstanden, um traditionelle und neue Märkte mit integrierten, vernetzten Leistungsangeboten zu versorgen. Unternehmen brechen ihre bisherigen Wertschöpfungsstrukturen auf, um diese in zumeist neuer Anordnung durch das Ausweiten der bisherigen Geschäftsfelder oder durch Kooperation bzw. Fusion mit den Wertschöpfungsaktivitäten anderer Unternehmen in multimedial geprägten Informations- und Kommunikationsmärkten wieder zusammenzuführen. Ziel ist es einerseits, in den Ursprungsmärkten die Wettbewerbsposition zu verbessern, und andererseits in den neuen Wettbewerbsschauplätzen eine vorteilhafte Ausgangsposition einzunehmen.[28] Die folgende Abbildung verdeutlicht den Prozess der Rekonfiguration grafisch.

Dieser Strukturveränderungsprozess, der die ehemalig festen Branchengrenzen verschoben bzw. partiell aufgelöst hat, resultiert in einer deutlichen Intensivierung des Wettbewerbs zwischen den betroffenen Branchen. Die sektorale Konvergenz stellt aber nur eine Komponente in der Begründung der veränderten Wettbewerbsverhältnisse und des strukturellen Wandels des Mediensystems dar.

27 Vgl. Lehr, 1999, S. 18.
28 Vgl. Wirtz, 2000a, S. 295.

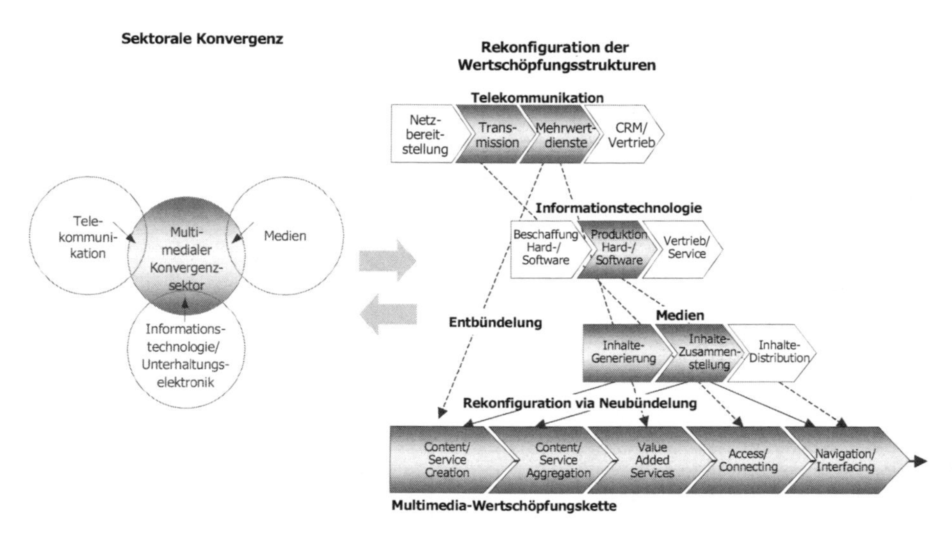

Abb. 1: Prozess der Rekonfiguration von Wertschöpfungsstrukturen nach Wirtz [29]

Eine zweite Komponente ist die zunehmend weltweite digitale Vernetzung durch das Internet. Das Internet wird dabei auch als „Enabling Technology“ gesehen. Es verändert auf dramatische Weise und mit hoher Geschwindigkeit Prozesse, Strukturen und Abläufe von Medienunternehmen.[30]

2.1.2 Das Internet: Etablierung eines neuen Mediums

2.1.2.1 Zum Begriff „Neue Medien“

Der Ausdruck „Neue Medien“ bildet zunächst den Oberbegriff für „alle Verfahren und Mittel, die mit Hilfe digitaler Technologie, also computerunterstützt, bislang nicht gebräuchliche Formen von Informationsverarbeitung, Informationsspeicherung und Informationsübertragung, aber auch neuartige Formen von Kommunikation ermöglichen“.[31] Der Begriff dient der Beschreibung neuer Kommunikationstechnologien und sollte nach Detering naturgemäß in Abhängigkeit von den zu einer bestimmten Zeit vorherrschenden Medien definiert werden. So wären zum Beispiel in den achtziger Jahren Kabel- und Satellitenfernsehen sowie Video- und Bildschirmtextsysteme als „Neue Medien“ bezeichnet worden.[32] Heute sind es hingegen die auf digitaler und computer-

29 Ebenda, S. 294.
30 Vgl. Eggers/Grewe, 2002, S. 549.
31 Bollmann, 1998, S. 12.
32 Vgl. Detering, 1999, S. 87 f.

technologischer Basis arbeitenden Informations- und Kommunikationstechnologien. Diese umfassen auch die Online- und Offline-Medien.[33]

Den Offline-Medien werden die digitalen Datenträger zugeordnet, die Inhalte wie Texte, Bilder, Audiodaten und Videosequenzen in einem interaktiven Medium vereinen. Sie lassen sich ferner nach der Art der Speicherung (magnetisch, optisch, magneto-optisch), ihrer Kapazität und ihrer Inhalte bzw. Einsatzgebiete differenzieren.[34] Zu den Offline-Medien zählen Disketten, DVD, Mini-Disc sowie das populärste Offline-Medium der Gegenwart: die CD-ROM. Online-Medien hingegen bezeichnen Informationssysteme, welche dem Kunden unter Nutzung eines interaktiven Endgerätes den Zugang zu einer Vielzahl von Informationen und Dienstleistungen bieten, die durch ein Rechenzentrum – beim Internet wäre dies beispielsweise der Host – verbreitet werden. Online-Medien gestatten dabei darüber hinaus einen aktuellen und individuellen Kommunikationsaustausch zwischen den Nutzern.[35] Neben den etablierten Diensten Video- und Bildschirmtext ist heute in erster Linie das Internet zum Symbol der neuen Online-Medien geworden.

2.1.2.2 Das Internet

"The Internet (...) isn't just another new piece of technology such as a fax machine or a laser disk player. And it isn't a 'thing' or a 'place' or 'something to do'. It's much more, almost indescribably more. It's as if it were a living, breathing organism, and in a way, it is".[36]

Unter größter Anteilnahme der Weltbevölkerung – Schätzungen gehen von 528 Millionen TV-Zuschauern aus – betrat im Juli 1969 Neil Armstrong als erster Mensch den Mond. Nur wenige Zeit später nahm im Auftrag des US-Verteidigungsministeriums – von der breiten Öffentlichkeit gänzlich unbemerkt – das weltweit erste Computernetzwerk seinen Betrieb auf. Durch das ARPANET-Projekt wurden vier Großrechner von amerikanischen Universitäten verbunden. Das Ziel war es damals, wichtige militärische Daten vor einem atomaren Angriff zu schützen und die Aufrechterhaltung der Kommunikation im Falle eines gegnerischen Atomanschlages zu gewährleisten. Dies gilt als die Geburtsstunde des Internet, da der Grundstein für die Internet-Infrastruktur gelegt wurde, welche auf dem Transport vieler kleiner, digitaler Datenpakete beruht. Heute stellt das Internet einen freien Zusammenschluss weltweiter Computernetzwerke dar.[37] Das „Netz der Netze" verbindet auf der Basis seines Übertragungsstandards

33 Online-Medien benötigen eine Netzinfrastruktur (das Kernnetz, einen Zugang zum Netz sowie Endgeräte). Für die Nutzung von Offline-Medien hingegen ist keine Netzinfrastruktur erforderlich.
34 Vgl. Haldemann, 1999, S. 14 f.
35 Vgl. Ebenda, S. 16.
36 Giagnocavo, 1996, S. X.
37 Vgl. Sennewald, 1998, S. 11.

TCP/IP Rechenzentren, ganze Netzwerke und einzelne Computer auf der ganzen Welt. Denn nahezu jedes der heute eingesetzten Betriebssysteme erlaubt eine Nutzung von TCP/IP und somit den Anschluss an das Internet.[38] Es gibt keinen einzelnen Betreiber des Internet, sondern sog. Provider, die den Zugang zum Internet anbieten. Die Gründe für den Siegeszug des Internet lassen sich auf ein Zusammenspiel von technischen Innovationen („Technology Push") und anwenderseitigen Leistungspotenzialen („Market Pull") zurückführen.

Der „Market Pull" basiert beispielsweise auf der Möglichkeit zur Interaktivität, der Unmittelbarkeit des Zugriffs und multimedialen Angebotsformen, durch die für den Konsumenten ein Zusatznutzen des Internetangebotes gegenüber herkömmlichen Medienangeboten entsteht. Für den „Technology Push" stehen in der Literatur u. a. eine Steigerung im Preis-Leistungs-Verhältnis der Hardware oder auch die zunehmende Miniaturisierung von Endgeräten.[39]

Die eindrucksvolle Steigerung der Nutzungszuwächse des Internet wird in der Literatur aber überwiegend einer weiteren technischen Innovation zugeschrieben: der Entwicklung des benutzerfreundlichen Internetdienstes World Wide Web, der die bereits vorhandenen Dienste wie beispielsweise E-Mail, Gopher, FTP, Newsgroup, IRC und Telnet ergänzte.

2.1.2.3 Das World Wide Web (WWW)

Bis Ende der 80er Jahre mussten sich Internetnutzer in kryptischen Befehlsfolgen auskennen, um am globalen Datenaustausch teilnehmen zu können. 1992 fand der wohl wichtigste Durchbruch für die Verbreitung des Internet statt: die Erfindung des Dienstes World Wide Web (WWW)[40] durch Berners-Lee am europäischen Institut für Teilchenphysik (CERN) in Genf, mit der ursprünglichen Intention, die wissenschaftliche Kooperation unter den global verteilten Arbeitsgruppen der Kernphysiker zu erleichtern.[41] Die WWW-Nutzung des Internet beruht auf der Hypertext-Technologie, bei der in elektronischen Dokumenten eine unmittelbare Verbindung durch „Hyperlinks" zu solchen Dokumenten hinterlegt werden kann, die auf anderen vernetzten Computern abgespeichert sind. Die auf diese Weise verbundenen elektronischen Dokumente können sowohl Text und Bilder als auch Grafiken, zwischenzeitlich auch Audiodateien und Videosequenzen, enthalten.

Zudem beruht die Nutzung das WWW auf einem Anwendungsprogramm: dem sog. „Browser". Ein „Browser" übersetzt die Befehle des Nutzers und visualisiert multi-

---

38 Vgl. Schumann/Hess, 1999, S. 3.
39 Vgl. Zerdick et al., 2001, S. 153 ff.
40 Im Sprachgebrauch wird das Internet oft mit dem WWW gleichgesetzt.
41 Vgl. Lee, 2001, S. 28.

mediale HTML-Dokumente auf dessen Computerbildschirm. Die explosionsartige Verbreitung des WWW und damit auch der Siegeszug des Internet, basiert auf der Tatsache, dass die Bedienung des „Browsers“ ohne spezifische Vorkenntnisse sehr einfach zu erlernen ist.[42] Heute ist das WWW der Standard für Online-Medien und die Grundlage des „Web-Publishing“ sowie der populärste Dienst des Internet. Einzig die Nutzung des der elektronischen Briefes (E-Mail) ist vergleichbar verbreitet. Durch das WWW und die Einführung von benutzerfreundlichen Browser-Technologien hat sich das Internet von einem Kommunikationsinstrument des Militärs, der Techniker und Akademiker zu einem globalen Massenmedium für die private und kommerzielle Nutzung gewandelt.[43]

2.1.2.4 Nutzungsentwicklung des Internet

Seit der Öffnung des Internet durch den Dienst WWW Anfang der 1990er Jahre hat sich das Internet mit einem einmalig rasanten Tempo zu einem wichtigen Massenmedium des neuen Jahrtausend entwickelt. Der Diffusionsverlauf hat dabei jedes der existierenden Massenmedien weit in den Schatten gestellt. So benötigte das Fernsehen beispielsweise 13 Jahre, das Radio 38 Jahre, um 50 Mio. Nutzer aufzuweisen. Das Internet hingegen erreichte diese Nutzerzahl in gerade einmal 5 Jahren.[44] In Deutschland gab es im Jahr 2002, zehn Jahre nach der Einführung des WWW, bereits 28,3 Millionen Internetnutzer, weltweit lagen die Schätzungen bei 605,60 Millionen Nutzern.[45] Dadurch hat sich das Internet mit seinen verschiedenen Nutzungsmöglichkeiten neben den traditionellen Massenmedien wie Print, Hörfunk und Fernsehen etablieren können. Die „digitale Kluft“, d.h. die Gefahr, dass sich durch die zunehmende Etablierung des Internet die Gesellschaft in zwei Klassen aufspaltet, und zwar die der „Informationselite“ und die der „Nichtvernetzten“, verringert sich. So gleichen sich die soziodemografischen Merkmale der Nutzer laut jüngsten Umfragen, wenn auch sukzessive, denen der Gesamtbevölkerung an.

---

42 Vgl. Ebenda, S. 28.
43 Vgl. Haldemann, 1999, S. 17.
44 Vgl. Zerdick et al., 2001, S. 152 oder Schmidt/Döbler/Schenk, 2002, 35.
45 Nua Internet Surveys, 2002.

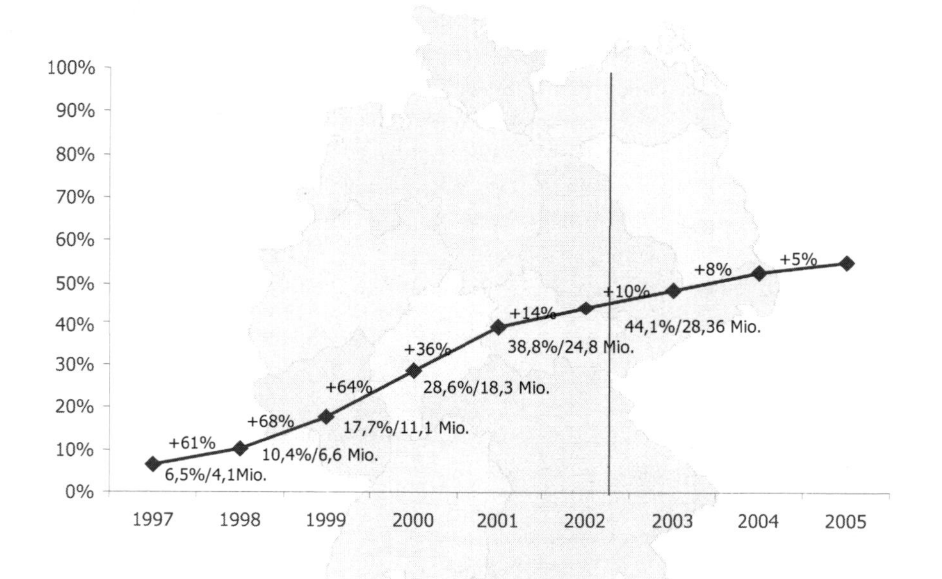

Quelle: ARD-Online-Studie 1997, ARD/ZDF-Online-Studie 1998-2002

Abb. 2: Geschätzte Entwicklung der Online-Nutzung in Deutschland bis 2005 [46]

Die neu hinzu gewonnenen Internetnutzer entsprechen in Bezug auf Bildung und Geschlecht zunehmend dem Bevölkerungsschnitt, das bedeutet, immer mehr Frauen oder auch Personen mit einem einfacheren oder mittleren formalen Ausbildungsgrad sind „online".[47] Abbildung 2 veranschaulicht die gegebene und die prognostizierte Entwicklung der Internetnutzer unter der deutschen Bevölkerung ab 14 Jahren.

Das Hauptmotiv für die Anschaffung eines Online-Zugangs stellt für die privaten Nutzer überwiegend der hohe Informations- und Kommunikationswert des Mediums dar. Es weist einen konkreten, alltagsrelevanten Nutzen auf, der sich vornehmlich sowohl im Versand und Empfang von E-Mails als auch im Abruf von aktuellen Nachrichten sowie im Nutzen von Ratgeber- und Serviceangeboten äußert.[48]

46 van Eimeren/Gerhard/Frees, 2002, S. 348.
47 Vgl. Ridder, 2002, S. 122 ff.
48 Vgl. van Eimeren/Gerhard, 2000, S. 348 f.

2.1.2.5 Das Internet als elektronischer Marktplatz

Einhergehend mit der wachsenden Verbreitung des Internet nahm auch dessen kommerzielle Nutzung zu, denn es wurde in den letzten Jahren von Unternehmen und Nutzern nicht nur als Kommunikationsinstrument, sondern zunehmend auch als Service-, Vertriebs- bzw. Verkaufsmedium eingesetzt. Die Initialzündung der Internet-Ökonomie[49] wird in der Verbindung der technologischen Leistungssteigerung mit der Wachstumsexplosion des Internet gesehen. Die Folge dieser Entwicklung ist die Entstehung eines neuen elektronischen Marktplatzes, dessen wichtigste Währung laut Zerdick et al. die Information ist.[50] Märkte bezeichnen zunächst ökonomische Orte, auf denen Angebot und Nachfrage zusammentreffen. Die ungleiche Informationsverteilung zwischen den Marktteilnehmern verursacht dabei einen hohen Koordinationsaufwand bei der Übertragung von Verfügungsrechten an Gütern und Leistungen, den so genannten Transaktionen. Diese Transaktionen umfassen i.d.R. die Phasen der Anbahnung, Vereinbarung, Abwicklung, Kontrolle und Anpassung und verursachen Kosten der Information und Kommunikation, die auch als Transaktionskosten bezeichnet werden. Elektronische Märkte entstehen nach Picot et al. durch eine Mediatisierung von Markttransaktionen, also durch die elektronische Abbildung der Kommunikationsbeziehungen.[51] Auf den elektronischen Marktplätzen wie dem Internet, das oft auch als „virtueller Marktplatz" oder „Marketspace" beschrieben wird, ist jegliche Art von wirtschaftlicher Tätigkeit möglich. Diese wird auch als E-Commerce bezeichnet.[52] Unter E-Commerce versteht man „die digitale Anbahnung, Aushandlung und/oder Abwicklung von Transaktionen zwischen Wirtschaftssubjekten".[53] Im Internet treffen also wie in der realen Welt Angebot und Nachfrage aufeinander. Der grundlegende Unterschied liegt darin, dass ein Teil oder die gesamte Transaktionsphase mittels Informations- und Kommunikationssystemen elektronisch abgebildet werden.[54]

Da sich die Informationsangebote der Tageszeitungsverlage vollständig digitalisieren lassen, können diese ihren Leistungsaustausch im Internet auch vollständig mediatisieren. Das erlaubt ihnen, im Gegensatz zu vielen anderen Wirtschaftsbranchen,

---

49 Als Internet-Ökonomie wird in diesem Zusammenhang jener Bereich der Wirtschaft bezeichnet, der entweder durch das Internet entstanden oder zumindest beeinflusst worden ist (vgl. Fritz, 2001, S. 15). Dabei ist die Bezeichnung „Internet-Ökonomie" (Zerdick et al., 1999), ein Synonym für die Begriffe „New Economy" (Kelly, 1998) „Digital Economy" (Tapscott, 1997) sowie „Network Economy" (Shapiro/Varian, 1999). Im Kern geht es bei allen Ansätzen um ein auf Netzwerken basierendes Marktmodell, bei dem die Eigenschaften von digitalisierten Gütern eine Schlüsselrolle innehaben.

50 Vgl. Zerdick et al., 2001, S. 147 f.

51 Vgl. Picot/Reichwald/Wigand, 1998, S. 318.

52 Vgl. Zerdick et al., 1999, S. 148.

53 Clement/Peters/Preiß, 1999, S. 49.

54 Vgl. Zerdick et al., 1999, S. 147.

sowohl die Distribution klassischer (physischer, nicht digitalisierter) Produkte als auch den Vertrieb vollständig digitalisierter Produkte.[55] Denn nur Informationsprodukte und Verfügungsrechte sind durch den binären Code vollständig abbildbar und damit übertragbar.[56] Gerade für die Branchen, die ihren Leistungsaustausch vollständig mediatisieren können, wird kurz- und mittelfristig mit einem hohen Anpassungsbedarf sowie mit einschneidenden Strukturveränderungen gerechnet.[57]

2.2 Geschäftsfeld „Web-Publishing" und sein Potenzial

Die durchgängige Digitalisierung und Automatisierung von Leistungserstellungsprozessen der Tageszeitungsverlage kann zum Wegfall bzw. Überspringen einzelner Produktionsstufen führen und ermöglicht den Verlagen zudem das Erschließen von neuen Geschäftsfeldern durch das sog. „Electronic Publishing".[58] Für den Begriff des „Electronic Publishing" gibt es in der Literatur keine einheitliche Definition. Spring sieht in „Electronic Publishing" zunächst den Oberbegriff für die vielfältigen neuen Formen und Verfahren des Publizierens, die auf Informations- und Kommunikationstechniken basieren.[59] Müller versteht unter dem Begriff „Electronic-Publishing" das Digitalisieren und Speichern von Inhalten ganz unabhängig von der Form der eigentlichen Publikation.[60] Lehr untergliedert die Nutzungsmöglichkeiten des „Electronic Publishing" weiter in Offline- und Online-Angebote. Offline-Angebote sind, wie bereits dargestellt, an einen materiellen Träger gebunden (Bsp.: die gedruckte Zeitung, CD-ROM, DVD, Videokassetten etc.). Online-Angebote hingegen werden durch eine Datenübertragung ohne materiellen Träger genutzt, wie bspw. der Videotext, das interaktive Fernsehen oder auch die WWW-Angebote im Internet.[61] Die vorliegende Arbeit fokussiert auf die Online-Angebote der Tagezeitungsverlage im Internet, also auf den Bereich des „Electronic Publishing", der das elektronische Publizieren im Internet umfasst, welches auch „Web-Publishing" genannt wird. Das „Electronic Publishing" und das darauf basierende „Web-Publishing" eröffnet den Tageszeitungsverlagen die sog. „Cross-Media-Strategien". Dahinter verbirgt sich nach Sjurts die Idee, „durch Präsenz in verschiedenen Medienteilmärkten, also durch eine Diversifikation, ein Portfolio von Geschäftsfeldern aufzubauen und die Erlösabhängigkeit von einzelnen

55 Vgl. Schumann/Hess, 1999, S. 8.
56 Vgl. Zerdick et al., 1999, S. 148.
57 Vgl. Hesse, 2001, S. 157.
58 Vgl. Ivenz/Engelbach/Delp, 1999, S. 11.
59 Vgl. Spring, 1991, S. 39.
60 Vgl. Müller, 1998, S. 9.
61 Vgl. Lehr, 1999, S. 67.

Medienmärkten zu verringern".[62] Dabei können die Tageszeitungsverlage Synergieeffekte nutzen und Kostendegressionsvorteile realisieren.[63]

2.2.1 Verstärkung der Fixkostendegression und Synergieeffekte

Die Kostendegressionsvorteile werden offensichtlich, wenn man sich in Erinnerung ruft, dass jede gedruckte Tageszeitung ein Unikat darstellt, welches tagtäglich von Grund auf neu erschaffen werden muss, um den Ansprüchen der Leserschaft gerecht zu werden. Einzig ihre Produktions-, Verkaufs-, und Verbreitungsform entsprechen den Charakteristika eines Massenproduktes, die eigentliche Erstellung der publizistischen Inhalte selbst hingegen nicht. Hierdurch grenzt sich die Mehrheit der Medienangebote grundlegend von anderen Gütern ab, die über einen längeren Zeitintervall hinweg und in großen Stückzahlen gleichartig oder geringfügig modifiziert auf ihren Märkten absetzbar sind (bspw. Investitions- oder Konsumgüter). Aufgrund des Unikatcharakters der Medieninhalte sind die Fixkosten bei deren Erstellung hoch („First-Copy-Costs"), während die variablen Kosten der Vervielfältigung gering sind.[64] Diese Kostenstruktur führt für die Tageszeitungsverlage auf der einen Seite zu einem erhöhten finanziellen Risiko, da die „First-Copy-Costs" in der Regel sog. „Sunk Costs" darstellen, die bei Misserfolgen nicht wieder rückgängig gemacht werden können. Auf der anderen Seite können sie jedoch „Economies of Scale" (Größenvorteile) realisieren, d.h. rapide sinkende durchschnittliche Stückkosten, die sich auf die Kostendegression bei ansteigenden Rezipientenzahlen zurückführen lassen.[65] Denn jedes weitere gedruckte Exemplar verringert die Durchschnittskosten pro Exemplar. Auf der Basis einer stark ausgeprägten Fixkostendegression kann derjenige Branchenanbieter am profitabelsten produzieren, der die größten Vertriebsmengen absetzen kann. Diese Charakteristik ist bei Tageszeitungsverlagen, die durchschnittlich über 50% Fixkostenanteile aufweisen,[66] so markant, dass ein Monopolist am rentabelsten produziert und überwiegend Anbietermonopole aber auch -duopole in ihren Verbreitungsgebieten zur Regel geworden sind. Besonders effizient für die Tageszeitungsverlage ist nun die Reproduktion und der Vertrieb von digitalisierten Medienprodukten über das Internet; dort entstehen zwar nach wie vor hohe „First-Copy-Costs", aber die variablen Kosten des Publizierens tendieren

62 Sjurts, 2002, S. 3.
63 Vgl. Ebenda, S. 3.
64 Fixkosten entstehen ganz unabhängig von der eigentlichen Produktionsmenge (bspw. Gehälter für die Redaktion und Verwaltung, Fremdkapitalzinsen etc.), variable Kosten hingegen hängen von der Produktionsmenge ab (bspw. Kosten für den Energie- und Papiereinsatz, Kosten für Druckfarben und für die Zustellung etc.).
65 Vgl. Wirtz, 2000b, S. 23.
66 Vgl. Heinrich, 2001, S. 244.

gegen Null.[67] Es entfallen nicht nur die Kosten für das Trägermedium, bspw. die Beschaffungs- und Lagerkosten für das Zeitungspapier, sondern auch die Kosten des trägergebundenen Vertriebes.[68] So können die Tageszeitungsverlage durch das „Web-Publishing“ von einer noch stärker ausgeprägten Fixkostendegression profitieren.

Durch das „Web-Publishing“ und das Verfolgen von „Cross-Media-Strategien“ erzielen sie weiterhin auch Synergieeffekte. Die Synergie ist zunächst ein wirtschaftlicher Effekt, der „ausdrücken soll, dass bei optimaler Kombination von Einzelelementen, die sich ergebende Gesamtheit mehr ist, als sie Summe der Einzelelemente“.[69] Ansoff spricht in diesem Zusammenhang auch von dem „2 + 2 = 5 – Effekt“.[70] Begründet wird der Synergieeffekt in der Literatur beispielsweise mit Unternehmenszusammenschlüssen oder auch mit Verbundvorteilen („Economies of Scope“). Letztere können aufgrund einer Ausweitung der Produktpalette durch Kostensynergieeffekte realisiert werden. Den Tageszeitungsverlagen ist es möglich, Kostensynergieeffekte durch die Mehrfachverwertung bereits vorhandener digitaler Inhalte über verschiedene Mediengattungen hinweg (bspw. durch elektronische Archive, durch Publikationen auf CD-ROM oder auch durch das „Web-Publishing“ von Online-Angeboten) sowie durch die Vermeidung von Medienbrüchen zu realisieren.

2.2.2 Neue Gestaltungsmöglichkeiten der Produktdifferenzierung

Bisher waren individualisierte Angebote aus Sicht der Tageszeitungsverlage aufgrund der Vervielfältigungskosten wirtschaftlich nicht vertretbar. Heute können sie ihre digitalisierten Angebotsleistungen ohne wesentliche Zusatzkosten auf vielfältige Art und Weise differenzieren. Es wird ihnen also möglich, Massenmärkte nach Kundenbedürfnissen zu individualisieren. Daraus folgt, dass die Massenproduktion nicht mehr mit einem Einheitsprodukt einhergehen muss und auch kleinere Zielgruppen bzw. Märkte angesprochen werden können. Man spricht hier von den Prinzip des „Mass Customation“, einer Art „baukastenbasierter“ Individualisierbarkeit von Angebotsleistungen.[71] Der wirtschaftliche Vorteil lässt sich plakativ durch folgendes Zitat darstellen: „Selbst ein Makramee-Kanal kann im Internet mit nur 10.000 Abonnenten deutliche Gewinne abwerfen“.[72]

---

67 Vgl. Hofer, 1999a, S. 33.
68 Vgl. Detering, 1999, S. 94 f.
69 Schneck, 1998, S. 695.
70 Vgl. Ansoff, 1966, S. 97.
71 Vgl. Zerdick et al., 1999, S. 18 u. S. 195.
72 Ebenda, S. 200.

Dimension	Merkmal	Gegenpole des Nutzungskontinuums	Beispiel aus der Praxis
Zeit	Aktualität	Sofortiger oder späterer Zugriff	Die Zeitschriften „Focus“ und „Spiegel“ bieten die Titelgeschichten ihrer Printausgaben kostenpflichtig im „Preview“ auf ihren Online-Angeboten an.
Zeit	Dauer der Verfügbarkeit von Informationen	Langfristige oder kurzfristige Nutzung	Das Online-Archiv der „Frankfurter Allgemeinen Zeitung“ („faz.net“) bietet die Artikel der letzten 14 Tage kostenlos zur Nutzung an, ältere Artikel hingegen sind kostenpflichtig.
Quantität	Leistungsumfang bzw. Informationstiefe	Eingeschränkte Nutzung oder vollständiger Zugriff	Das „Handelsblatt“ bietet auf seinem Online-Angebot für monatlich 13,30 € den Dienst „Topix“ an, durch den ein Nutzer einen erweiterten Zugang auf das Archiv sowie zur Genios-Wirtschaftsdatenbank erhält.

Tab. 1: Dimensionen des „Versioning“ anhand ausgewählter Praxisbeispiele [73]

Aufbauend auf dem neuen Potenzial in der Produktdifferenzierung und Mehrfachverwertung wird unter dem Instrument des „Versioning“ (ein Kunstwort der Autoren Shapiro/Varian) das Anbieten eines Medienproduktes in unterschiedlichen Versionen verstanden, was aufgrund der Digitalisierung in großem Umfang und ohne hohe Zusatzkosten möglich ist. Dabei stellt „Versioning“ ein Instrument der Preis- und Produktdifferenzierung von Informationsprodukten dar, mit dem Varianten eines Produktes in Abhängigkeit der jeweiligen Bedürfnisse des Kunden oder der Kundengruppe gestaltet werden können.[74] Die Preissetzung erfolgt dabei auf der Grundlage von Konsumentenpräferenzen sowie dem Ausmaß der Zahlungsbereitschaft. Die Idee des „Versioning“ beinhaltet laut Schumann/Hess, dass sich ein Konsument aus einer Produktlinie das Angebot mit dem für ihn höchsten Nutzen auswählt. Basierend auf der Präferenzstruktur der Kunden, würden Abstufungen der Produkte nach verschiedenen Kriterien wie beispielsweise Aktualität, Funktionsumfang oder Zusatznutzen vorgenommen. Dabei gelte es zwingend zu beachten, dass zwischen den einzelnen Abstufungen der Angebote ein wahrnehmbarer Unterschied für die Konsumenten erkennbar wäre. Denn nur so ließe sich deren Bereitschaft zur Entrichtung von höheren Entgelten gewährleisten.[75] Das Prinzip des „Versioning“ wird von den Medienunternehmen in der Praxis im Internet angewandt, wie folgende ausgewählte Beispiele zeigen.

73 In Anlehnung an Zerdick et al., 2001, S. 190.
74 Vgl. Shapiro/Varian, 1999, S. 53 f.
75 Vgl. Schumann/Hess, 2002, S. 75 f.

2.2.3 Funktionale Erweiterung des Leistungsangebotes

Bevor das technische Potenzial des „Web-Publishing" im Internet aufgezeigt wird, sollte man sich zunächst die Eigenschaften einer gedruckten Tageszeitung in Erinnerung rufen. Tageszeitungen stellen neben anderen Massenmedien, wie dem Fernsehen oder dem Hörfunk, eine Gruppe traditioneller Informationsträger in einem Mediensystem dar. Dabei ist ihre Verbreitung physisch an ein i.d.R. begrenztes Verbreitungsgebiet gebunden. Zudem ist die gedruckte Tageszeitung ein statisches und textgebundenes Medium und richtet sich als ein Medium der Massenkommunikation „indirekt und einseitig an ein disperses Publikum".[76] Mit seinem technischen Potenzial übertrifft ein durch „Web-Publishing" erstelltes Online-Angebot die gedruckte und damit physisch gebundene Tageszeitung in mehrfacher Hinsicht. Es bietet den Tageszeitungsverlagen die Chance, gerade auch in Bezug auf den gestiegenen intermediären Wettbewerb, an Attraktivität zu gewinnen.

2.2.3.1 Aktualität und Speicherkapazität

Dauerhafte Trägermedien, wie beispielsweise die gedruckte Tageszeitung, bieten den Rezipienten zwar eine Souveränität bezüglich der zeit- und ortsungebundenen Nutzung, doch die präsentierten Inhalte sind schnell veraltet. Beim „Web-Publishing" können feste, ehemals obligate Aktualisierungspunkte (wie beispielsweise der Redaktionsschluss oder die sog. „dead-lines") entfallen, mit dem Vorteil, dass das redaktionelle Angebot kontinuierlich überarbeitet und so fortlaufend aktualisiert werden kann.[77] Dadurch können Tageszeitungen im Hinblick auf aktuelle Berichterstattung zu den Wettbewerbern aus der Rundfunkbranche aufschließen, sind sie doch erstmalig in der Lage ihre redaktionellen Inhalte nicht nur tages-, sondern auch „rund um die Uhr" ereignisbezogen zu verbreiten. Ebenfalls lassen sich in die Online-Angebote der Tageszeitungsverlage Datenbanken integrieren, die eine Erweiterung des inhaltlichen Angebotes ermöglichen. So beispielsweise durch Abrufinformationen und durch die elektronische Archivierung von älteren Beiträgen. Vor allem für das Service-Angebot müssen umfangreiche Datenmengen bereitgehalten werden. Endlose „Datenkolonnen" in der gedruckten Tageszeitung (z.B.: Börsenkurse, Veranstaltungshinweise, amtliche Bekanntmachungen usw.) sind nicht nur äußert platzraubend, sondern neigen auch zur Unübersichtlichkeit und werden zudem rasch wertlos. Im Online-Angebot integrierte Datenbanken hingegen können umfangreich sein, automatisch durchsucht und fortwährend auf dem neusten Stand gehalten werden.[78] Es gibt also keine Limitierung durch

---

76 Maletzke, 1972, S. 32.
77 Vgl. Lee, 2001, S. 45.
78 Vgl. Neuberger, 1999, S. 36 f.

physische Restriktionen, theoretisch sind nahezu unbegrenzte Informationsmengen denkbar. Im Unterschied zur gedruckten Tageszeitung muss das Angebot auch nicht permanent neu erstellt werden, sondern neue Inhalte lassen sich beliebig durch „Hyperlinks“ mit älteren Artikeln, zum Beispiel zu Themenschwerpunkten, verknüpfen. Neuberger spricht hier auch von neuen Potenzialen in Bezug auf die Additivität.[79]

2.2.3.2 Globalität und Multimedialität

Auch die Globalität zählt zu den charakteristischen Eigenschaften des Internet. Nach Negroponte bilden sich im Internet „digitale Nachbarschaften“, für die Entfernungen des physikalischen Raums zunehmend unerheblich werden.[80] Während die geografische Reichweite der Tageszeitung i.d.R. durch Transportkosten und Transportzeit begrenzt ist, existieren im Internet keine derartigen Begrenzungen. Mit der zunehmenden Etablierung des Internet wird den Tageszeitungsverlagen also die Chance geboten, ihre Angebote einem potenziell globalen Publikum zu präsentieren. Dadurch können neue Zielgruppen außerhalb des eigentlichen Verbreitungsgebietes angesprochen werden. Durch den Wegfall dieser Begrenzungen existiert im Internet demnach theoretisch ein höheres Gewinnpotenzial als in den traditionellen Absatzmärkten einer Tageszeitung.[81]

Wie die Globalität wird auch die Multimedialität zu den charakteristischen Eigenschaften des Internet gerechnet. Bei der Übertragung oder Speicherung von digitalen Inhalten ist es aus technologischer Perspektive gesehen, wie bereits dargestellt, ohne Bedeutung, was für eine Art an Medieninhalt – Schrift, Ton, Bild, Audio- oder Videodateien – durch den binären Code abgebildet wird. So ist auch eine unproblematische Kombination von verschiedenen Medienarten zu einem „mulitmedialen“ Inhalt möglich.[82] Für Tageszeitungsverlage, die früher an ein statisches und textgebundenes Trägermedium gebunden waren, bietet sich demzufolge die attraktive Möglichkeit, ihr Leistungsangebot um ehedem fremde und nicht realisierbare Darstellungsformen zu erweitern.

2.2.3.3 Interaktivität

Kein anderes Wesensmerkmal des Internet ist laut Neuberger so häufig Gegenstand von Diskussionen und mit so großen Erwartungen verbunden wie jenes der Interaktivität, die das neue Medium global und in vielfältiger Weise ermögliche.[83] So wird die Inter-

---

79 Vgl. Neuberger, 2000a, S. 20.
80 Vgl. Negroponte, 1997, S. 11 u. 13 f.
81 Vgl. Lee, 2001, S. 82.
82 Vgl. Detering, 1999, S. 92 f.
83 Vgl. Neuberger, 1999, S. 39 f.

aktivität auch als das zentrale Charakteristikum des Internet hervorgehoben, durch das sich dieses von den anderen Massenmedien unterscheide.[84] Nach Stähler ist die Interaktivität eine Eigenschaft eines Kommunikationsprozesses. Sie beschreibt, wie übermittelte Informationen innerhalb eines Kommunikationsprozesses mit zuvor übermittelten Informationen zusammenhängen.[85] Anders als beim Lesen einer Publikation, beim Fernsehen oder auch Radiohören ist ein Nutzer des Internet nicht nur der Empfänger eines einseitigen Kommunikationsprozesses, sondern auch ein potenzieller Sender, der an den ursprünglichen Sender und andere Nutzer Botschaften richten und somit prinzipiell die Inhalte von Kommunikationsangeboten mitgestalten kann.[86] Man spricht in diesem Zusammenhang vom Internet auch als einem wechselseitigen Massen- und Individualmedium.[87] Es ermöglicht neben der eigentlichen Interaktion auch eine Individualisierung der Kommunikation und eine wahlweise Zusammensetzung der gewünschten Inhalte durch die Nutzer. Das Internet bietet den Tageszeitungsverlagen eine Interaktion mit den Nutzern ohne die Probleme, die sich aus Raum- und Zeitüberwindung ergeben können. Die Kommunikation mit und unter den Nutzern kann dabei sowohl synchron (Chats, Videokonferenzen) als auch asynchron (E-Mails, Newsgroups) stattfinden. Durch die Interaktivität erhält der Nutzer die Gelegenheit, auf das Angebot der Tageszeitung unmittelbar zu reagieren. Beispielsweise kann er seine Meinung äußern, Lob aussprechen oder Kritik üben und so im gewissen Sinne eingreifen und über das Leistungsangebot mitbestimmen.

2.2.4 Marktvorteile der Tageszeitungsverlage beim „Web-Publishing“

Die Tageszeitungsverlage können über die dargestellten technischen Potenziale und ökonomischen Vorteile, die das Web Publishing bietet und über die sie ja keinesfalls exklusiv verfügen, hinaus im Online-Markt von ihren Kompetenzen profitieren. Dazu gehören die langjährige Professionalität in der Erstellung von redaktionellen Inhalten, die hohe Glaubwürdigkeit und Seriosität, die lang etablierten Kontakte zu werbetreibenden Unternehmen und das Vertrauen ihrer Rezipienten. Diese Qualitäten sind auch im Internet wichtig und lassen sich auf das Online-Angebot übertragen. Das reine Auffinden von Informationen stellt, dank vielfältiger Navigationshilfen, im Internet keine Schwierigkeit dar. Zum Problem hingegen wird für die Nutzer die Fülle an Material und die Evaluierung des „Wertes“ und der „Glaubwürdigkeit“ einer Nachricht.[88] So können bekannte Medien den Nutzern als „Orientierungspunkte“ im

---

84 Vgl. Lee, 2001, S. 37.
85 Vgl. Stähler, 2001, S. 109.
86 Vgl. Lee, 2001, S. 37.
87 Vgl. Sennewald, 1998, S. 11.
88 Vgl. Hofer, 1999a, S. 3.

unübersichtlichen Informationsmarkt Internet dienen.[89] Lehr spricht auch von einem „Vertrauensvorsprung", den die Tageszeitungsverlage im Internet hätten. [90] Wenn ihnen also der erfolgreiche Transfer ihrer Kompetenzen und Reputation auf das Online-Angebot gelingt, so haben die Verlage beste Chancen, einen hohen Bekanntheitsgrad sowie hohe Zugriffszahlen zu erreichen und dadurch ein attraktives Werbeumfeld für Unternehmen zu schaffen.[91]

2.3 Die deutsche Tageszeitungsbranche

2.3.1 Tageszeitungsverlage

Tageszeitungsverlage werden den Medienunternehmen zugeordnet. Medienunternehmen konzentrieren sich auf die Erstellung, Bündelung, Produktion und Distribution von Informationen und Unterhaltung. Dabei stellt ein Verlag im Sinne der Medienökonomie eine Unternehmung dar, „die Produkte des Medienmarktes produziert und vertreibt, insbesondere Zeitungen, Zeitschriften, Bücher, aber auch Musikalien und Bilder".[92] Ein Tageszeitungsverlag ist ein Verlag, dessen Schwerpunkt in der Herausgabe von Tageszeitungen liegt. Dabei gilt es an dieser Stelle zwingend auf ein Spezifikum hinzuweisen, welches die Tageszeitungsverlage im Verbund mit anderen Massenmedien von anderen Wirtschaftszweigen in der Bundesrepublik maßgeblich unterscheidet: ihre „öffentliche Aufgabe". Als „Presse" dienen sie dem demokratischen Gedanken im Sinn des Grundgesetzes, wie dieser in den Landespressegesetzen spezifiziert und weitgehend übereinstimmend festgelegt ist: „Die Presse erfüllt eine öffentliche Aufgabe, wenn sie in Angelegenheiten von öffentlichem Interesse Nachrichten beschafft und verbreitet, Stellung nimmt, Kritik übt oder auf andere Weise an der Meinungsbildung mitwirkt."[93] Dem Bundesverfassungsgericht zur Folge ist die Meinungs- und Pressefreiheit für ein demokratisches Gemeinwohl „schlechthin konstituierend". Die Presse ist ein Träger und Verbreiter der öffentlichen Meinung und ein unverzichtbares Kontrollorgan in einer demokratischen Gesellschaft, indem sie das gesetz- und rechtmäßige Handeln sowohl der Staatsgewalten als auch weiterer Institutionen im öffentlichem Raum überwacht.[94] Dem Verleger ist die „öffentliche Aufgabe" in Treuhänderschaft übergeben worden. Lediglich bei drohenden Pressekonzentrationsprozessen behält sich der Staat Eingriffe in das Pressewesen vor. Gleichzeitig

---

89 Vgl. Neuberger, 2000a, S. 24.
90 Vgl. Lehr, 1999, S. 66.
91 Vgl. Ebenda, S. 96.
92 Heinrich, 2001, S. 214.
93 § 3 Landespressegesetz (LPG) Baden-Württemberg (vgl. Löffler, 1983, S. 226).
94 Vgl. Schulze, 2001, S. 13.

hat der Zeitungsverleger die „öffentliche Aufgabe" auf privatwirtschaftlicher Grundlage zu erfüllen, „was nicht nur komplizierte rechtliche Probleme aufwirft, sondern auch ein erhebliches Konfliktpotenzial birgt".[95] Der Tageszeitungsverlag ist demnach eine gewerbliche Unternehmung mit einem öffentlichen Auftrag, die aufgrund des Stellenwertes der Meinungsfreiheit als eine demokratiekonstituierende Kraft, im Gegensatz zu anderen Wirtschaftsbranchen, besondere Rechte genießt, aber auch besondere Pflichten zu erfüllen hat.[96] Dieser wichtige Umstand kann im weiteren jedoch keine Berücksichtigung finden, da die vorliegende Arbeit ausschließlich betriebswirtschaftliche Aspekte des Tageszeitungswesen fokussiert.

2.3.1.1 Das Produkt Tageszeitung

Eine Tageszeitung ist ein in regelmäßiger Folge und in kurzen Zeitintervallen erscheinendes Presseerzeugnis, welches aktuelle Beiträge über das Zeitgeschehen und zur Unterhaltung sowie private und gewerbliche Anzeigen beinhaltet und sich an eine breite Öffentlichkeit wendet. Diese Definition weist auf die vier grundlegenden Eigenschaften hin, welche Tageszeitungen von anderen Medienprodukten abgrenzen: die Aktualität (die Vermittlung jüngsten Tagesgeschehens), die Periodizität (regelmäßige Erscheinungsweise: 5-6x pro Woche, mindestens jedoch 2x pro Woche[97]), die Universalität (inhaltliche, thematische Vielfalt, universelle Nachrichtenvermittlung), sowie die Publizität (allgemeine Zugänglichkeit der Tageszeitung, sie wendet sich an eine breite Öffentlichkeit). Im Unterschied zu Hörfunk und Fernsehen gilt für die Tageszeitung zusätzlich das Merkmal der Disponibilität: Das bedeutet, Presseerzeugnisse können ganz unabhängig von Ort und Zeit genutzt werden. Zudem kann das Tempo der Informationsaufnahme und -auswahl durch den Rezipienten individuell und souverän bestimmt werden.[98] Der große Marktvorteil der Tageszeitungen liegt dabei in ihrer lokalen und regionalen Informationskompetenz. Durch eine systematische Ordnung von Informationen, durch die Kommentierung von Zeitgeschehen und durch den großen Anteil von Hintergrundberichten bietet sie ihrer Leserschaft darüber hinaus eine Orientierungsfunktion. Man bescheinigt den Tageszeitungen auch eine differenzierte Darstellung der Realität. Die Tageszeitung genießt darüber hinaus eine hohe Glaub-

95 Dovifat/Wilke, 1976, S. 67.

96 Eine Übersicht zu den Rechten und Pflichten findet sich in den Landespressegesetzen.

97 Aus diesem Grund können die Sonntags- und Wochenzeitungen streng genommen nicht den Tageszeitungen zugerechnet werden, sondern den Zeitschriften, denn sie weisen eine eingeschränkte Aktualität und Periodizität auf. Da sie jedoch zu einem großen Teil von Tageszeitungsverlagen herausgebracht werden (Bsp.: „Welt am Sonntag", „Bild am Sonntag", „Frankfurter Allgemeine Sonntagszeitung" etc.), findet dieser Sachverhalt im Folgenden keine weitere Berücksichtigung.

98 Vgl. Pürer/Raabe, 1994, S. 24 ff.

würdigkeit und verfügt über lang etablierte Kontakte zu Werbetreibenden und zu ihren Lesern. Bei der Typologisierung von gedruckten Tageszeitungen sind u.a. das Verbreitungsgebiet und die Vertriebsform von Bedeutung. So existieren zum einen lokale, regionale und überregionale Tageszeitungen, zum anderen Abonnement- und Kaufzeitungen. Während der Vertrieb der Kauf- oder auch Boulevardzeitungen ausschließlich über den Kiosk, Stellkästen oder Straßenhändler erfolgt, werden die Abonnementzeitungen von ihrer Leserschaft durch eine Subskription überwiegend fest bezogen.[99] Diese Segmentierung resultiert in einer dementsprechenden Vielfalt der Vertriebs- und Anzeigenmärkte.

2.3.1.2 Struktur des deutschen Tageszeitungsmarktes

Die erste Tageszeitung Deutschlands, nebenbei die erste Tageszeitung der Welt, wurde vor über 350 Jahren in Leipzig gegründet.[100] Im internationalen Vergleich, im Besonderen auch zu anderen westlichen Industrienationen, zeichnet sich die Bundesrepublik Deutschland durch ein sehr differenziertes und reichhaltiges Tageszeitungsangebot aus.[101] Denn ungeachtet des erheblich erweiterten Medienangebots seit Mitte der 1980er Jahre, liegen die Auflagenzahlen, wenn auch in den letzten Jahren leicht rückläufig, auf einem nach wie vor hohem Niveau. An ihren Erscheinungstagen verlassen rund 23,2 Millionen Tageszeitungsexemplare die Rotationsmaschinen. 349 selbstständige Tageszeitungen (Hauptausgaben) mit weiteren 1.576 redaktionell differenzierten Unterausgaben bilden das Fundament einer Pressevielfalt, über die nur wenige Nationen verfügen können.[102] Das markanteste Strukturkennzeichen der deutschen Zeitungslandschaft ist die starke regionale und lokale Gebundenheit der Tageszeitungen. So werden 16,1 der 23,2 Millionen Exemplare den lokalen und regionalen Abonnementzeitungen zugerechnet.[103] Diese auf den ersten Blick beeindruckenden Zahlen dürfen aber nicht darüber hinwegtäuschen, dass in den Jahren zwischen 1954 und 1999, die Anzahl der deutschen Tageszeitungsverlage, bedingt durch Fusionen und Einstellungen, um über 40% zurückgegangen ist.[104] Die Ursache dieser Konzentration lag vor allen Dingen in der bereits dargestellten Kostenstruktur der Branche, die Konzentrationsprozesse fördert. So nahmen auch wirtschaftlich gut positionierte Verlagsunternehmen ihre Chancen wahr, um durch eine Übernahme von kleineren

---

99 Vgl. Straßner, 1999, S. 18 f.

100 Dabei handelt es sich um die am 1. Juli 1650 von Timotheus Ritsch in Leipzig herausgebrachte „Einkommenden Zeitungen“, die sechs-, gelegentlich sogar siebenmal pro Woche erschien, weshalb sie als erste Tageszeitung der Welt gilt (vgl. Pasquay, 2000, S. 247).

101 Vgl. Schulze, 2001, S. 62 f.

102 Vgl. BDZV (Hrsg.), 2002a, S. 482.

103 Vgl. Ebenda, S. 486.

104 Vgl. Schulze, 2001, S. 71.

Tageszeitungen in ihren Verbreitungsgebieten marktbeherrschende Erstanbieterpositionen auszubauen. Um diesen Konzentrationsprozessen entgegenzuwirken, erweiterte der deutsche Bundestag 1976 das Kartellrecht (GWB) durch das Pressefusionskontrollgesetz. Dennoch weist der Markt heute ein relativ hohes Maß an Konzentration auf, bei der man weiterhin zwischen publizistischer und ökonomischer Konzentration unterscheidet.

Die publizistische Konzentration wird daran gemessen, wie viele unabhängige Titel den Lesern zur Verfügung stehen. Sie bildet also die vorhandene Meinungsvielfalt ab. Einen Ansatzpunkt der Darstellung von publizistischer Konzentration bietet die Zeitungsdichte, d.h. die Anzahl der Tageszeitungen pro Landkreis, zwischen denen die Leser auswählen können.[105] Im Jahre 2001 erschien in 246 der insgesamt 440 deutschen kreisfreien Städte und Landkreise (entspricht 55,9%) nur eine Lokalzeitung. [106] In solchen „Einzeitungskreisen" haben die Tageszeitungsverlage damit eine monopolartige Stellung in ihrem lokalen Werbe- und Informationsmarkt inne. Einzig dem Markt für überregionale Tageszeitungen bescheinigt Sjurts oligopolistische Marktstrukturen und damit einhergehend eine höhere Wettbewerbsintensität. Hier würden die „Frankfurter Rundschau" (FR), die „Frankfurter Allgemeine" (FAZ), die „Süddeutsche Zeitung" (SZ), „die Welt" und die „Tageszeitung" (taz) um die Gunst der Leser konkurrieren.[107]

Als ein weiteres Maß für den Stand der publizistischen Konzentration dient die Anzahl der „publizistischen Einheiten". So kooperieren beispielsweise viele lokale und regionale Tageszeitungsverlage, indem sie den „Mantel" (i.d.R. die ersten Seiten bzw. die überregionale Berichterstattung aus Politik, Wirtschaft, Kultur und Sport) von anderen Tageszeitungsverlagen mit Vollredaktionen übernehmen. Insgesamt lassen sich heute noch 135 publizistische Einheiten, also Tageszeitungen mit einem eigenen „Mantel", zählen. 1954 gab es in der alten Bundesrepublik hiervon noch 225.[108]

Die ökonomische Konzentration hingegen kann u.a. daran gemessen werden, wie viele Branchenanbieter einen wesentlichen Marktanteil auf sich vereinen, was auch als „Anbieterkonzentration" bezeichnet werden kann.[109] Wie aus nachfolgender Tabelle ersichtlich wird, liegt dem bundesdeutschen Tageszeitungsmarkt eine relativ hohe Anbieterkonzentration zu Grunde, wird doch jede zweite Tageszeitung in der Bundesrepublik von einem der zehn größten Verlagsunternehmen herausgebracht.

---

105 Vgl. Wilke, 1996, S. 388.
106 Vgl. Schütz, 2001, S. 620.
107 Vgl. Sjurts, 1996, S. 12.
108 Vgl. BDZV (Hrsg.), 2002a, S. 484 f.
109 Vgl. Wirtz, 2000b, S. 85.

Zusammenfassend lässt sich sagen, dass der Tageszeitungsmarkt in Deutschland durch zahlreiche Tageszeitungstitel und eine sehr starke Stellung der lokalen und regionalen Abonnementzeitungen geprägt ist. Es gibt nur wenige überregional etablierte Qualitätszeitungen sowie eine große Kauf- und Boulevardzeitung („Bild") mit regionalen Ausgaben und mehrere regionale Kaufzeitungen.[110] Aufgrund der leicht rückläufigen Gesamtauflage ist von einem ausgereiften Markt auszugehen. Dieser gilt dadurch als weitgehend gesättigt und weist zudem hohe Marktzutrittsbarrieren auf,[111] was sich u.a. auch darin äußert, dass die erfolgreiche Lancierung neuer Tageszeitungen, die ohnehin schon seit den sechziger Jahren äußerst schwach ausgeprägt war, nach wie vor sehr schwierig ist. So konnten sich in den letzten Jahrzehnten lediglich zwei neue überregionale Tageszeitungen am Markt etablieren: 1979 die „taz" und im Jahre 2000 die „Financial Times Deutschland".[112]

	Verlagsgruppe	1991	2002
1.	Axel Springer AG („Bild" u.a.)	23,9	23,4
2.	Verlagsgruppe WAZ, Essen („Westdeutsche Allgemeine" u.a.)	5,0	6,1
3.	Verlagsgruppe Stuttgarter Zeitung, Die Rheinpfalz, Südwest Presse	5,0	4,9
4.	Verlagsgruppe DuMont Schauberg, Köln („Kölner Stadt-Anzeiger" u.a.)	4,5	4,2
5.	Verlagsgruppe Ippen („Münchner Merkur" u.a.)	2,4	3,8
	Marktanteil der fünf Größten (CR 5)	**41,6**	**42,3**
6.	Holtzbrinck Verlag („Handelsblatt", „Main-Post" u.a.)	-	3,4
7.	Verlagsgruppe Frankfurter Allgemeine Zeitung	3,2	2,9
8.	Gruner & Jahr, Hamburg („Berliner Zeitung" u.a.)	3,2	2,8
9.	Süddeutscher Verlag, München	3,2	2,6
10.	Madsack/Gerstenberg, Hannover („Hannoversche Allgemeine" u.a.)	2,2	2,2
	Marktanteil der zehn Größten (CR 10) [113]	**54,4**	**56,3**

Tab. 2: Ökonomischer Konzentrationsgrad des deutschen Tageszeitungsmarktes (in % der jeweiligen Gesamtauflage des Jahres) [114]

Es ist noch darauf hinzuweisen, dass sich eine große Anzahl der Verlagshäuser nicht ausschließlich auf die Herausgabe von Tageszeitungen konzentriert. Vielmehr haben diese sich in den letzten Jahren zu lokalen bzw. regionalen Medienhäusern diversifiziert

110 Vgl. Tonnemacher, 2003, S. 118.
111 Vgl. Sjurts, 1996, S. 17 f.
112 Vgl. Berger, 2002, S. 154.
113 Wegen der unterschiedlichen Rangfolge ergeben die Summenbildungen nicht zwingend die ausgewiesenen Werte. Die Rangfolge basiert einzig auf den Werten im Jahr 2002, es gilt zudem Rundungseffekte zu berücksichtigen (vgl. Ebenda, S. 484).
114 In Anlehnung an Röper, 2002a, S. 484.

und verfügen heute häufig über eigene Anzeigenblätter, Beteiligungen an privaten Hörfunksendern und i.d.R. auch über ein eigenes Online-Angebot.

2.3.2 Entwicklungen in den Absatzmärkten der Tageszeitungsverlage

„Es hat schon etwas Deprimierendes, wenn man plötzlich in allen Zeitungen lesen muss, dass die Zeitungen in der Krise sind"[115].

Seit einigen Jahren spricht man in der Tageszeitungsbranche von einer Krise. Aber lässt sich eine negative Gesamtentwicklung auch belegen? Dafür werden im Folgenden die Entwicklungen auf den beiden traditionellen Absatzmärkten der Tageszeitungsverlage sowie die Entwicklung ihres Online-Engagements untersucht. Tageszeitungsverlage treten zunächst auf einem dualen Markt an: „Der publizistischen Dienstleistung für den Publikumsmarkt steht die Werbedienstleistung für den Inserentenmarkt zur Seite".[116] Beide Märkte stehen dabei in einem gegenseitigen Abhängigkeitsverhältnis. Diese pressespezifische Gesetzesmäßigkeit lässt sich anhand der sog. „Anzeigen-Auflagen-Spirale" erläutern. Diese besagt, dass eine große Leserschaft bzw. ein spezifischer Leserkreis die Voraussetzung für das Erzielen von hohen Anzeigenerlösen darstellt, da Anzeigenpreise weitgehend auf der allgemeinen oder spezifischen Reichweite von Presseorganen basieren; hohe Anzeigenerlöse ermöglichen günstigere Bezugspreise bzw. verbesserte publizistische Angebote, so dass dadurch wiederum zusätzliche Leser gewonnnen werden können.[117] Der Lesermarkt erbringt die sog. die Vertriebserlöse. Der Markt der Inserenten bildet die Voraussetzung für die Anzeigenerlöse. In den letzten Jahrzehnten hat sich die Erlösrelation zwischen Vertrieb und Anzeigen zugunsten der Anzeigen verschoben. Finanzierten sich die Tageszeitungsverlage in den 50er Jahren vornehmlich aus Vertriebserlösen und erst in zweiter Linie aus dem Anzeigengeschäft, so kehrte sich dieses Verhältnis während der Pressekonzentrationsphase um.[118] Durchschnittlich erwirtschaftet eine Abonnementzeitung heute 61,6% ihrer Umsätze durch Anzeigenerlöse und Fremdbeilagen und nur 38,4% durch Vertriebserlöse.[119]

Aus ökonomischer Perspektive gilt es an dieser Stelle also festzuhalten, dass Tageszeitungen derzeit in erster Linie Werbeträger sind. Ferner zieht dieser duale Markt auch einen dualen Wettbewerb nach sich. Dieser spielt sich auf ökonomischen und publizistischen Feldern ab und dreht sich beispielsweise um die Etats der werbe-

---

115 So der ehemalige leitende Redakteur der Süddeutschen Zeitung Herbert Riehl-Heyse, 2002, S. 98.

116 Möllman, 1998, S. 38.

117 Vgl. Pürer/Raabe, 1994, S. 205. Die Reichweite ist die Angabe darüber, welche Personenanzahl (i.d.R. über 14 Jahre) zu einem bestimmten Zeitpunkt oder auch Zeitintervall Kontakt mit einem periodischen Druckwerk hatten (vgl. Schulze, 2001, S. 220).

118 Vgl. Pürer/Raabe, 1994, S. 118.

119 Vgl. BDZV (Hrsg.), 2002a, S. 43.

treibenden Unternehmen sowie um das Medienbudget und die Zeit der Zuwendung seitens der Rezipienten.[120] Diese Wettbewerbsverhältnisse bestehen sowohl intramediär (zwischen den einzelnen Tageszeitungsverlagen) als auch intermediär (zwischen den Tageszeitungsverlagen und den anderen Massenmedien, wie Zeitschriften, Hörfunk und Fernsehen).

2.3.2.1 Entwicklungen im Lesermarkt

In den letzten zwei Jahrzehnten hatten die Tageszeitungen einen Reichweitenverlust, der sich auf alle Altersgruppen der Rezipienten bezog. Konnten sie einst eine Reichweite von 76% im Jahre 1980 aufweisen, so fiel dieser Wert kontinuierlich bis auf 54% im Jahre 2000.[121] Besonders stark sind die Reichweitenrückgänge in den jüngeren Alterssegmenten der Rezipienten, was von den Tageszeitungsverlagen als besonders bedrohend empfunden wird. Zählte 1990 jeder zweite der 14- bis 19-Jährigen zum Kreis der täglichen Leser, war es zehn Jahre später nur noch jeder vierte Jugendliche, der täglich zu einer Tageszeitung griff. Bei den 20- bis 39- Jährigen sank im gleichen Zeitraum die Zahl der täglichen Zeitungsleser auf unter 50% ab. Die treueste Leserschaft bilden nach wie vor die Über-50-Jährigen.[122]

Entwicklungen, vor deren Hintergrund sich die Reichweitenrückgänge erklären lassen, sind beispielsweise ein allgemeiner Wandel hin zur Mobilität, der die lokale Bindung der Bürger zurückgehen lässt. Wichtige Einflussfaktoren auf die Entwicklung des Zeitungslesens sind jedoch auch die Veränderungen im intra- und intermediären Wettbewerb, die auf einem stark ausgeweiteten Medienangebot der letzten Jahrzehnte basieren. So hat sich u. a. das Programmangebot nach der Deregulierung und dem darauf folgenden Markteintritt von privaten Fernseh- und Hörfunksendern in den letzten 20 Jahren verzehnfacht. Die Zahl der Publikumszeitschriften stieg allein von 1992 bis 2000 um rund 42% auf insgesamt 852 Titel an. Die Zahl der kostenlosen Anzeigenblätter konnte im Zeitraum von 1985 bis 2000 ebenfalls einen Zuwachs von fast 40% auf 1336 Titel verzeichnen. Ebenso konnte sich das neue Medium Internet mit seinen vielfältigen Angeboten und Diensten seit Mitte der 1990er Jahre auch in der Bundesrepublik rasant ausbreiten.[123]

Mit der Vervielfachung der Medienangebote während der letzten zwanzig Jahre ging auch eine Ausweitung der durchschnittlichen Mediennutzung der Bundesbürger einher, von ca. 5 Std. 40 min. täglich im Jahre 1980 auf über 8 Std. 20 min. im Jahre 2000.[124]

---

120 Vgl. Möllmann, 1998, S. 41.
121 Vgl. van Eimeren/Ridder, 2001, S. 543.
122 Vgl. Ebenda, S. 543.
123 Vgl. Schulz, 2001b, S. 119 f.
124 Vgl. van Eimeren/Ridder, 2001, S. 547.

Diese Nachfragesteigerung steht jedoch in keinerlei Verhältnis zu der starken Angebotsausweitung. Die Folgen sind ein verschärfter inter- und intramediärer Wettbewerb unter den Medienunternehmen. Dieser lässt sich nach Schulz beispielsweise anhand immer spezifischerer Zielgruppenangebote (Bsp.: „(Very)-Special-Interest"-Angebote oder auch „Spartenkanäle"), einer zunehmenden Fragmentierung des Publikums (kleinere Auflagen oder auch Nutzungskreise pro Medienangebot), veränderter Rezeptionsmuster, insbesondere einer geringeren Nutzungsintensität (etwa durch „zapping"; flüchtigeres, selektiveres Lesen; TV und Hörfunk werden zunehmend als „Nebenbeimedien" genutzt; etc.), aufzeigen.[125] Der verstärkte Wettbewerb um die Aufmerksamkeit der Rezipienten schlägt sich auch im Werbemarkt der Tageszeitungsverlage nieder, welcher das zentrale Thema des nachfolgenden Abschnittes ist.

2.3.2.2 Entwicklungen im Werbemarkt

Die Anzeigenkunden bzw. der Anzeigenmarkt stellen, wie dargelegt, das wirtschaftliche Fundament der Tageszeitungsverlage dar. Anzeigen, Annoncen oder Inserate sind nach Stahmer zunächst öffentliche Bekanntmachungen, die im Interesse des Auftraggebers liegen, und gegen Entgelt in einer Tageszeitung oder Zeitschrift gedruckt werden. Dabei werden sie im Allgemeinen von den Inserenten selbst oder aber auch in ihrem Auftrag von einer Werbeagentur erstellt.[126] Das Interesse an einer Insertion ist deshalb gegeben, da sich auf diese Art und Weise ein simultaner Zugang zu einer Vielzahl von Personen erreichen lässt und sich beispielsweise Werbebotschaften leichter verbreiten lassen. Deshalb kann man auch davon sprechen, dass die Printmedien, wie auch andere Massenmedien, die Dienstleistung des Zugangs zu einem Publikum anbieten.[127] Die Tageszeitung hat sich als Basiswerbemedium für den lokalen und regionalen Einzelhandel etabliert. Weiterhin bietet sie Familien-, Immobilien-, KFZ-, Reise-, Veranstaltungs- und Stellenanzeigen an, die auch unter dem Begriff „rubrizierte Anzeigen" bzw. „Rubrikenmärkte" zusammengefasst werden.

Die Werbung in der Tageszeitung ist überwiegend argumentativ und rational. Für die Markenartikelwerbung ist sie, aufgrund der begrenzten Gestaltungsmöglichkeiten, eher ein Zusatzwerbemedium. Der besondere Vorteil der gedruckten Tageszeitung als Werbeträger liegt in ihrer Regionalisierbarkeit.[128] Derzeit vereinen sich in den lokalen Geschäfts- und Stellenanzeigen durchschnittlich fast 50% des Anzeigenaufkommens.[129]

---

125 Vgl. Schulz, 2001b, S. 120.
126 Vgl. Stahmer, 1995, S. 107.
127 Vgl. Ebenda, S. 108.
128 Vgl. Heinrich, 2001, S. 232.
129 Vgl. BDZV (Hrsg.), 2002a, S. 35.

In der Bundesrepublik stellen die Tageszeitungen traditionell die umsatzmäßig stärksten Werbeträger dar, wie u.a. aus der nachfolgenden Tabelle ersichtlich ist.

Angaben in Mio. €

Werbeträger	**2000**	**2001**	**Veränderung 00/01 in %**
Tageszeitungen	6.556,55	5.642,16	- 14,0
Publikumszeitschriften	2.247,32	2.092,45	- 6,9
Werbung per Post	3.383,49	3.255,78	- 3,7
Fernsehwerbung	4,705,15	4,469,03	- 5,1
Anzeigenblätter	1.791,87	1.742,00	- 2,8
Fachzeitschriften	1.267,00	1.057,00	- 16,6
Verzeichnis-Medien	1.268,00	1.269,40	+ 0,1
Hörfunkwerbung	732,93	677,98	- 7,5
Außenwerbung	746,23	759,71	+ 1,8
Wochen- und Sonntagszeitungen	277,63	286,73	+ 3,3
Zeitungssupplements	67,59	72,81	+ 7,7
Filmtheaterwerbung	175,12	170,22	- 2,8
Online-Angebote	153,39	185,00	+ 20,6
Gesamt	23.372,27	21.680,27	- 7,3

Quelle: Zentralverband der deutschen Werbewirtschaft (ZAW): Werbung in Deutschland 2001

Tab. 3: Netto-Werbeeinnahmen erfassbarer Werbeträger 2000 und 2001 [130]

Der Anteil der Tageszeitungsverlage am Gesamtwerbevolumen ist jedoch seit Jahren rückläufig. Hatten sie 1992 noch einen Marktanteil von 33%, so waren es im Jahre 2001 nur noch 26%.[131] Im gleichen Zeitraum konnte das Netto-Werbevolumen in der Bundesrepublik einen Anstieg von über 30% verzeichnen.[132] Profitiert haben von dieser Entwicklung, seit der Deregulierung des Rundfunkmarktes, hauptsächlich die elektronischen Medien, die seit Beginn der 1990er Jahre hohe Marktzuwächse im Werbemarkt verbuchen konnten. Sie sind dadurch deutlich stärker als das Bruttoinlandsprodukt (BIP) gewachsen.[133] Der Werbemarkt ist zudem besonders anfällig für konjunkturelle Schwankungen. Bis Mitte 2000 konnten die Tageszeitungen, vor allen Dingen in den alten Bundesländern, noch von dem Boom in der „New Economy", den Börsengängen von „Start-up-Unternehmen", der euphorischen Börsenkonjunktur und dem starken

130 W & V, 2003.
131 Vgl. Keller, 2002, S. 28.
132 Quelle: Zentralverband der deutschen Werbewirtschaft ZAW. e.V., Bonn / schriftliche Antwort auf Anfrage der Autoren am 15.07.2002.
133 Vgl. Schumann/Hess, 2002, S. 30 f.

Wettbewerb in der Telekommunikations- und Engergiebranche profitieren.[134] Im März 2000 fielen zum ersten Mal die Börsenkurse der erfolgsverwöhnten „New Economy". Es folgten Insolvenzen und eine Konsolidierungsphase. So fielen in diesem Bereich die außergewöhnlichen Werbeaktivitäten aus. Zudem hat ein allgemeiner Stimmungsabfall nach dem 11. September 2001 und das derzeit „gegen Null" tendierende konjunkturelle Wachstum auch das traditionelle Anzeigenaufkommen der Tageszeitung, wie beispielsweise das im Stellenmarkt, massiv zurückgehen lassen. War das Anzeigenaufkommen im Jahre 2001 schon geradezu „niederschmetternd" für die Branche, so ging es in den ersten fünf Monaten des Jahres 2002, verglichen mit dem Vorjahr, nochmals um weitere 14% zurück. Die wichtigen Stellenanzeigen, die seit jeher auch als ein Indikator für die allgemeine Konjunkturlage angesehen werden, brachen sogar durchschnittlich um 43% ein.[135] Aus diesen Gründen spricht man in der Branche gegenwärtig davon, dass sie sich in der schwersten Finanzkrise ihrer Geschichte befinden würde.[136]

2.3.3 Online-Angebote der Tageszeitungsverlage im Internet

Unter einem Online-Angebot versteht man im Folgenden die öffentlich zugängliche Internetpräsenz einer Tageszeitung. Das Angebot wird über die diversen Übertragungskanäle des Internet im TCP/IP-Standard übertragen. Es ist durch einen PC mit Internetzugang nutzbar und bietet dem Nutzer die Möglichkeit eines interaktiven Handelns.[137] Zunächst gilt es darauf hinzuweisen, dass das Engagement der Tageszeitungsverlage in elektronischen Mediengattungen nichts Neues ist. Es gab schon in den achtziger Jahren Versuche, mittels Bildschirmtext (BTX) Zeitungsangebote „online" und elektronisch zugänglich zu machen. Diese waren jedoch aufgrund der technischen Unausgereiftheit nicht von wirtschaftlichen Erfolgen gekrönt. Durch den technologischen Fortschritt in der Computer- und Übertragungstechnik sowie durch die zunehmend weltweite Vernetzung durch das Internet, bot sich in den neunziger Jahren ein ganz anderes Bild im Hinblick auf die elektronische Verbreitung von Medieninhalten. Zu den ersten Tageszeitungen, die sich ab 1993 das neue Potenzial im WWW zu Nutze machten, zählen beispielsweise die amerikanische „San Jose Mercury News", die „San Francisco Chronicle", die „Washington Post" mit ihrer Beilage „Digital Ink Co." oder auch die „London Daily Telegraph". Der erste deutschsprachige Auftritt wurde im Februar 1995 durch „Der Standard" aus Österreich verwirklicht. Als Protagonisten unter den deutschen Tageszeitungsverlagen gelten die „Schweriner Volkszeitung", der „Mannheimer

134 Vgl. Heinen/Schulze, 2001, S. 7.
135 Vgl. Eckert, 2002, S. 29.
136 Vgl. Röper, 2002a, S. 478.
137 Vgl. Lehr, 1999, S. 72.

Morgen“, sowie die überregionalen Tageszeitungen „Die Welt“ und „taz“, die im Frühjahr 1995 die ersten Schritte ins Internet wagten.[138] Heute gibt es kaum noch einen Tageszeitungsverlag, der über kein eigenes Online-Angebot verfügt. Laut Angaben des Bundesverbandes Deutscher Zeitungsverleger e.V. (BDZV) sind derzeit über 400 Angebote von Tageszeitungsverlagen im Internet abrufbar. Einige der regionalen und überregionalen Verlage bieten dabei mehrere Online-Angebote für verschiedene Zielgruppen.[139] Wie sich die Anzahl der Online-Angebote im Zeitverlauf entwickelt hat, stellt die folgende Abbildung grafisch dar.

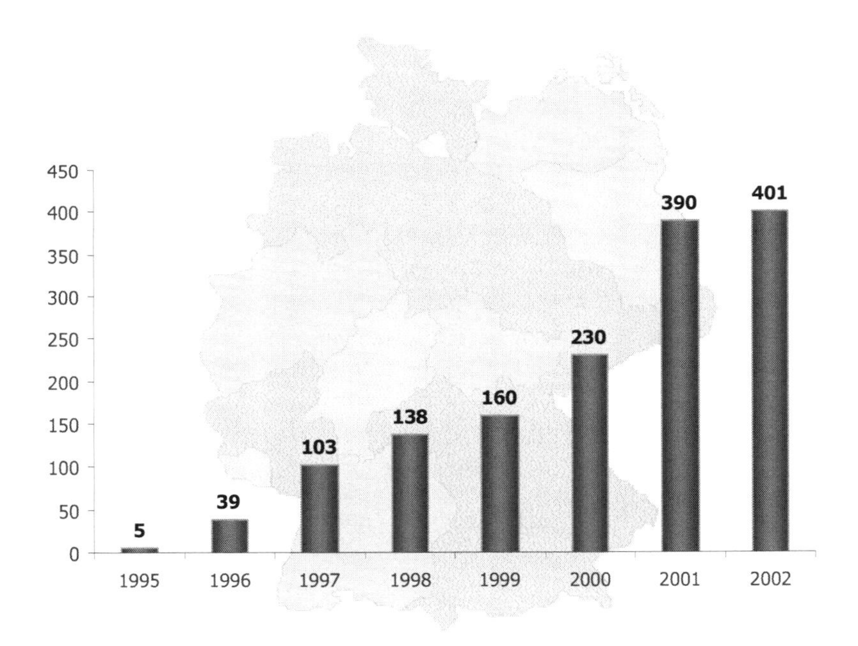

Abb. 3: Entwicklung der Online-Angebote von Tageszeitungsverlagen [140]

Über den Entwicklungsstand, also der Frage, inwieweit sich die Tageszeitungsverlage das bereits dargestellte Leistungspotenzial des Internet bzw. des „Web-Publishing“ durch ihre Online-Angebote zu Nutze machen, gibt es in der Literatur unterschiedliche Aussagen. Breyer-Mayländer/Fuhrmann und Meyn sehen die erste Generation der

138 Vgl. Pieler, 2002, S. 143.
139 Letzsch, 2002.
140 Vgl. BDZV (Hrsg.), 2002a, S. 488.

„Zeitungen online", die sich vor allen Dingen durch eine bloße „1:1 Übernahme" der gedruckten Artikel ausgezeichnet hatten, zwischenzeitlich durch eine Vielzahl unterschiedlicher Online-Angebote der Tageszeitungsverlage abgelöst.[141] Auch Rada betont, dass die Online-Angebote seit Beginn gleich mehrere Entwicklungsstadien durchlaufen hätten: von der bloßen Zweitverwertung vorhandener Inhalte hin zu exklusiven Online-Angeboten, die sich die medienspezifischen Bedingungen des Internet zu Eigen gemacht hätten.[142] Neuberger weist zudem darauf hin, dass nicht alle Tageszeitungsverlage über alleinstehende Angebote verfügen, sondern dass ein Teil in Verbundangeboten in Unter- und Überordnungsverhältnissen verknüpft sind. Ferner stellt er einen direkten Bezug zwischen dem Ausmaß des Online-Engagements der Tageszeitungsverlage und deren Auflagenhöhe im traditionellen Markt fest. Die großen Tageszeitungsverlage (über 200.000 Exemplare) würden prozentual mehr finanzielle, personelle und technische Ressourcen für ihre Online-Angebote zur Verfügung stellen.[143] Und so unterscheidet sich der Leistungsumfang der Angebote in der Praxis erheblich. Auch sieben Jahre nach den ersten Schritten der Branche im Internet gibt es immer noch Tageszeitungsverlage, die lediglich über eine Art „elektronische Visitenkarte" ohne jegliches redaktionelles Angebot im Internet verfügen (Bsp.: „Badische Neueste Nachrichten"). Demgegenüber steht beispielsweise die „Frankfurter Allgemeine Zeitung", die allein 30 Redakteure für ihr Online-Engagement bereitstellt[144] und neben einem sehr umfangreichen deutschsprachigen Angebot („faz.net") ein eigenständiges Angebot für die englischsprachige Zielgruppe anbietet (die „F.A.Z. weekly" unter „faz.com").

Dieser Sachverhalt begründet sich, neben der problematischen Erlösgenerierung durch die Online-Angebote (siehe hierzu Abschnitt 2.3.3.2), auch darin, dass vor allem die lokalen und regionalen Verlage die gedruckte Tageszeitung nach wie vor als ihr eigentliches Kerngeschäft ansehen.[145] Demnach ist der Markt inzwischen sehr komplex und differenziert. Es lässt sich nicht von einem einheitlichen Entwicklungsstand ausgehen, vielmehr sind die Online-Angebote so heterogen wie die Tageszeitungen selbst. Dabei ist ihre Ausgangslage im traditionellen Markt ein maßgeblicher Einflussfaktor auf die Gestaltung ihres Internet-Engagements.

Zur Nutzung der Online-Angebote lässt sich festhalten, dass laut der Allensbacher Studie „Zeitung und Internet" vom Juli 2002 33% aller 14-39-Jährigen, das sind rund 8,2 Mio. Bundesbürger, nach eigenen Angaben schon einmal die Internetseiten einer

---

141 Vgl. Breyer-Mayländer/Fuhrmann, 2001, S. 7; vgl. Meyn, 2001, S. 24.
142 Rada, 2000.
143 Vgl. Neuberger, 2002b, S. 113 u. 116 f.
144 Vgl. Bach, 2002, S. 76.
145 Vgl. Vogel, 2001, S. 596.

Tageszeitung abgerufen haben.[146] Davon nutzen „regelmäßige Zeitungsleser, erfahrene, intensive Internetnutzer sowie jüngere Leute mit großer Computerkompetenz (...) die Online-Angebote von Tageszeitungen in deutlich höherem Anteil".[147]

2.3.3.1 Ziele des Online-Engagements der Tageszeitungsverlage im Zeitverlauf

Dieser Abschnitt beschäftigt sich mit der Frage, welche Ziele die Tageszeitungsverlage mit ihren Online-Angeboten über die Jahre hinweg verfolgt haben. Den Protagonisten unter den Tageszeitungsverlagen wird zunächst keinerlei zielgerichtete Vorgehensweise zugesprochen. Die ersten Online-Angebote „erinnerten vielmehr an eine große Spielwiese, auf der das ‚Trial-and-Error-Prinzip' herrscht". [148] Es dürfte den Tageszeitungsverlagen, ganz nach dem beherzten olympischen Prinzip „dabei sein ist alles", wohl darum gegangen sein, erste Erfahrungen mit dem neuen Medium zu sammeln.

1997 konnte anhand von Untersuchungen festgestellt werden, dass das übergeordnete Ziel eines eigenen Online-Engagements für die Tageszeitungsverlage der frühe Markteintritt in den zukunftsträchtigen Mediensektor darstellte. Des Weiteren wurde eine frühzeitige Besetzung des entstehenden Anzeigenmarktes, eine Imageverbesserung und eine Bereicherung des Serviceangebotes für das gedruckte Muttermedium anvisiert.[149]

Drei Jahre später, während im Internet inzwischen eine Parallelwelt zur gesamten Medienlandschaft entstanden ist, die aber weit mehr ist als nur eine Kopie der alten Medien ,[150] stellte die Marktbesetzung weiterhin ein zentrales Motiv für das Online-Engagement dar. Daneben wurde u. a. angestrebt, durch das Online-Angebot hauptsächlich junge Leser für das Muttermedium zu gewinnen, es als inhaltliche Ergänzung zur gedruckten Tageszeitung zu positionieren sowie seine Eigenschaft als ein attraktives und konsumanregendes Umfeld für E-Commerce-Aktivitäten zu nutzen.[151]

Heute verfolgen einige Tageszeitungsverlage zusätzlich das Ziel, die „Doppelnutzer", also die vorhandene Leserschaft der gedruckten Tageszeitung im Internet, zu erreichen und an sich zu binden. Hierbei geht es um die gegenseitige Stärkung des Muttermediums und des Online-Angebotes, also einer Art „cross-medialer-Kooperationsstrategie". Beide Angebote werden dabei als medienübergreifende Einheit definiert, das sich inhaltlich ergänzt und für einander wirbt.[152] Der Eichstätter Medienwissenschaftler Neuberger bescheinigt vor allem den lokalen und regionalen Tageszeitungsverlagen eine bisher eher defensive Zielorientierung im Internet: „Die Verlage zeigten Präsenz

146 Vgl. Schulz, 2002, S. 156.
147 Ebenda, S. 156.
148 Pieler, 2002, S. 143.
149 Vgl. Neuberger/Tonnemacher/Biebl/Duck, 1997, S. 656.
150 Vgl. Neuberger, 2000b, S. 102.
151 Vgl. Neuberger, 2000c, S. 313.
152 Vgl. Neuberger, 2002b, S. 114 .

im Onlinebereich, um den Markt zu besetzen und um neue Konkurrenz fernzuhalten. Das ist ihnen weitgehend gelungen, weil sie ihre Printinhalte weiter verwerten können und bekannte Markennamen besitzen. Andererseits haben sie das neue Medium aber zu wenig als Chance begriffen“. [153]

2.3.3.2 Problem der Refinanzierung

„Beim Publikum ist das Internet doch ein Riesenerfolg. Mich stört lediglich, dass Inhalte umsonst zu haben sind – es ist ein Schnorrermedium“. [154]

Sieben Jahre nachdem die ersten Tageszeitungsverlage mit Angeboten in Deutschland „online“ gingen, befindet sich ihr Online-Engagement in einer Konsolidierungsphase. Zum einen aufgrund der derzeitig schwierigen finanziellen Lage der Verlagshäuser, ausgelöst durch die starken Einbrüche im traditionellen Anzeigenmarkt. Zum anderen aufgrund der fehlenden Refinanzierungsbasis des Internet-Engagements, denn „zur Zeit ist kein Online-Angebot kostendeckend“.[155] So werden die Online-Angebote derzeit in der Branche eher eingeschränkt als ausgebaut. Röper spricht in diesem Zusammenhang auch davon, dass die Internet-Euphorie der Medienbranche ganz eindeutig vergangen sei und die Online-Angebote sich zunehmend zu einer „Belastung der Bilanzen“ entwickelt hätten.[156] Denn das traditionelle Geschäftsmodell der Tageszeitungsverlage für den Printmarkt, das auf der additiven Generierung von Anzeigen- und Vertriebserlösen basiert, lässt sich im Online-Markt derzeit nicht erfolgreich durchsetzen.

Auf der einen Seite zeichnen sich die Nutzer bis heute durch eine nur schwach ausgeprägte Zahlungsbereitschaft für redaktionelle Inhalte aus. Dieses manifestiert sich beispielsweise in den zahlreichen und bisher erfolglosen Anläufen der Branche, eine Abonnementgebühr für so genannte „General-Interest-Angebote“[157] durchzusetzen. Sobald eine Gebührenpflicht vorliegt, sinken die Zugriffszahlen rapide.[158] Bislang ist die

---

153 Neuberger, 2002a.

154 Helmut Markwort, Chefredakteur der Zeitschrift Focus, hier zitiert nach Ehrensberger, 2002, S. 16.

155 Quelle: Christoph Nogly (Multimedia-Referent des Bundesverbandes Deutscher Zeitungsverleger e.V.), schriftliche Antwort auf Anfrage der Autoren vom 01.10.2002.

156 Vgl. Röper, 2002b, S. 406.

157 Dieser Begriff steht für Angebote, die keinen thematischen Fokus aufweisen bzw. sich an alle Internetnutzer richten und/oder Informationen aus dem allgemeinen Weltgeschehen umfassen. Hierunter fallen u. a. auch die Online-Angebote der Tageszeitungsverlage (vgl. Kröger, 2002, S. 521).

158 Als große Ausnahme wird vielfach auf das Online-Angebot der US-amerikanischen Wirtschaftszeitung „Wall Street Journal“ („wsj.com“) verwiesen, dass sich seit 1996 mit monatlichen Abonnentengebühren erfolgreich durchsetzen konnte, und dem dadurch zwischenzeitlich der Sprung in die Gewinnzone gelang (vgl. Pieler, 2002, S. 145; vgl. Kröger, 2002, S. 526).

Zahlungsbereitschaft der Nutzer nur mit ganz spezialisierten und hochwertigen Fachinformationen und –services zu erreichen, auf welche diese meist aus beruflichen Gründen angewiesen sind. Hierzu zählen beispielsweise besondere Wirtschaftsinformationen oder der Zugang zu einem Online-Archiv.[159]

Auf der anderen Seite stellt die Online-Werbung derzeit mit weitem Abstand die bedeutendste Einnahmequelle für die Refinanzierung von digitalen Inhalten im Internet dar.[160] Die dabei überwiegend verfolgte Strategie der Tageszeitungsverlage besteht darin, durch rein werbefinanzierte und frei zugängliche Online-Angebote eine hohe Anzahl von Rezipienten zur Nutzung des Angebotes zu bewegen, um so für werbetreibende Unternehmen einen attraktiven Träger mit hoher Reichweite darzustellen. Jedoch liegen auch die Werbeinnahmen weit hinter den Erwartungen zurück. Zum einen, weil der Online-Werbemarkt langsamer wächst als erwartet (2001 lag der Anteil bei ca. 0,8% des gesamten Werbevolumens)[161], und zum anderen, weil die Tageszeitungsverlage im Online-Werbemarkt einem verschärften Wettbewerb ausgesetzt sind, welcher das zentrale Thema des Kapitels 3 sein wird.

2.3.4 Bewertung der Branchenentwicklung

Es lässt sich abschließend feststellen, dass eine negative Gesamtentwicklung in der Tageszeitungsbranche gegeben ist. Zunächst agieren die Tageszeitungsverlage seit geraumer Zeit in einem gesättigten Markt, bei dem sich ein Wachstum nur zu Lasten der Konkurrenz erzielen lässt. Weiterhin hat die Deregulierung des Rundfunkmarktes und das in den letzten zwei Jahrzehnten allgemein erheblich ausgeweitete Medienangebot neue Wettbewerber hervorgebracht, was den Marktanteil der Tageszeitungsbranche an den Werbeumsätzen kontinuierlich zurückgehen ließ. Des weiteren unterliegt die gedruckte Tageszeitung einem allgemeinen Reichweitenverlust, insbesondere bei den wichtigen „Lesern von morgen".

Darüber hinaus lässt das gegenwärtig „gegen Null" tendierende wirtschaftliche Wachstum ihre wichtigen Anzeigeneinnahmen stark zurückgehen. Dies alles hat zur größten Finanzkrise in der Geschichte der Tageszeitungsverlage geführt. Davon sind überregionale Tageszeitungen wie „Frankfurter Allgemeine" und „Süddeutsche Zeitung" ebenso betroffen wie die kleinen Lokalblätter oder auch die auflagenstarken Straßenverkaufszeitungen. Viele Verlagshäuser sehen sich derzeit gezwungen, Mitarbeiter zu entlassen, darunter erstmalig auch die renommierten Tageszeitungsverlage.

159 Vgl. Fuhrmann, 2001, S. 15.
160 Vgl. Willnauer, 2002, S. 153.
161 Siehe hierzu Tabelle 3.

Ferner ist es ihnen nicht gelungen, die oftmals mit hohen Investitionen verbundenen Online-Angebote auf eine tragfähige Refinanzierungsbasis zu stellen. Und der technologische Fortschritt bringt den Tageszeitungsverlagen zunehmend weitere publizistische und ökonomische Wettbewerber, mit der Folge, dass sich die Tageszeitungsverlage laut dem Verleger Burda derzeit nicht nur in einer konjunkturell bedingten Krise befinden würden, sondern gar in einer strukturellen – und zwar aus-gelöst durch das Internet.[162]

Ob die Lage wirklich so dramatisch für die Tageszeitungsverlage ist, wird im folgenden Kapitel untersucht, dessen zentrales Thema der Wettbewerb ist, in dem sich die Tageszeitungsverlage im Internet befinden.

162 Vgl. Bauschke, 2002, S. 3.

3. Situationsanalyse: Tageszeitungsverlage im digitalen Wettbewerb

3.1 Merkmale des digitalen Wettbewerbs

Der Wettbewerb gilt als das grundlegende Koordinationsprinzip in einem marktwirtschaftlichen System. Gemeinsame Grundlage aller Wettbewerbstheorien ist dabei die Vorstellung eines Marktes, über den der Wirtschaftsprozess einer Gesellschaft gesteuert wird.[163] Das Wesen des Wettbewerbs steht zunächst für ein Streben von mindestens zwei Beteiligten („Wettbewerbern") nach einem gemeinsamen Ziel, wobei der höhere Zielerreichungsrad des einen Wettbewerbers einen niedrigeren des anderen (Konkurrent) bedingt (antagonistisches Verhalten). Der Wettbewerb kann nach Heinrich auch als ein dynamisches Ausleseverfahren verstanden werden, bei dem die Wettbewerber das gleiche Ziel anstreben und außenstehende Dritte darüber entscheiden, wer dieses Ziel in welchem Umfang erreicht. Daraus resultiere eine Rivalität und ein gegenseitiges Abhängigkeitsverhältnis zwischen den Wettbewerbern.[164] Nach Kantzenbach können die Wettbewerbsfunktionen in statische und dynamische untergliedert werden. Die statischen Funktionen beinhalten eine leistungsgerechte Einkommensverteilung (Verteilungsfunktion), den effizienten Faktoreinsatz (Allokationsfunktion) und eine Ausrichtung der Produktion an den Präferenzen der Verbraucher (Steuerungsfunktion). Die dynamische Wettbewerbsfunktion beinhaltet eine flexible Anpassung bei Veränderungen der Nachfragestruktur und Produktionstechnik (Anpassungsfunktion) und den technischen Verfahrensfortschritt (Innovationsfunktion).[165]

Dem Wettbewerb von Menschen und Unternehmen werden im Allgemeinen sehr viele positive Wirkungen zugeschrieben. Er stellt ein effizientes Such- und Entdeckungsverfahren in offenen Gesellschaften dar und verhindert zudem unerwünschte Machtverkrustungen, so dass ihm zusätzlich eine Kontrollfunktion attestiert werden kann.[166] In der Literatur wird der Wettbewerb im Internet zudem mit folgenden Merkmalen beschrieben: Zunächst kommt zu es einer Virtualisierung des Wettbewerbs („From Marketplace" zu „Marketspace").[167] Diese Entwicklung resultiert in einer zunehmenden Digitalisierung von Wertschöpfungsprozessen und zu einem stetig wachsenden Angebot von Leistungen im virtuellen Raum. Die niedrigen Marktzutrittsbarrieren des Internet

163 Vgl. u.a. Knoche, 1978, S. 190.
164 Vgl. Heinrich, 2001, S. 56.
165 Vgl. Kantzenbach, 1967, S. 15 ff.
166 Vgl. Bender et al., 1999, S. 301.
167 Vgl. Rayport/Sivokla, 1994, S. 142.

bieten zudem neuen Anbietern, die ihre Geschäftsmodelle ausschließlich auf dem Internet aufbauen (sog. „Internet-Startups“), nicht nur die Möglichkeit, als neue Wettbewerber im Internet aufzutreten, sondern auch mit etablierten Anbietern auf ihren traditionellen Märkten zu konkurrieren.

Weiterhin stehen sich, aufgrund der sektoralen Konvergenzprozesse und der damit einhergehenden Rekonfiguration der Wertschöpfungsstrukturen, ehemals branchenfremde Unternehmen als neue Wettbewerber im Internet gegenüber. Der digitale Wettbewerb im Internet ist also ein branchen- und länderübergreifender Wettbewerb und zeichnet sich im Besonderen durch eine gestiegene Anzahl von Wettbewerbern aus. Zudem ermöglicht das Internet den Nutzern eine erhöhte Markttransparenz, mit der einhergehend eine Senkung der Kundenloyalität vermutet wird.[168] Dies alles hat eine deutliche Intensivierung der Wettbewerbsverhältnisse zur Folge. Fritz spricht in diesem Zusammenhang sogar von einer „Wettbewerbseskalation“ im Internet.[169] Auch nach Judson/Kelly erreicht der Konkurrenzkampf im Internet, den sie als „Hyperwettbewerb“ bezeichnen, eine bisher ungekannte Ausdehnung, Geschwindigkeit und Intensität.[170]

3.2 Festlegung des Untersuchungsgegenstandes

Die Wahrscheinlichkeit, dass die Tageszeitungsverlage im Internet ihre publizistische Funktion als Vermittler von aktuellen, redaktionellen Inhalten einbüßen könnten, wird derzeit eher als gering eingestuft. Denn die Bedrohung durch neue Konkurrenten auf dem Markt für Medieninhalte ist aufgrund der hohen „First-Copy-Costs“ für deren Erstellung[171] sowie der hierfür benötigten journalistischen Kompetenz als gering einzuschätzen. So ist die Erstellung von aktuellen, qualitativ hochwertigen und massenattraktiven redaktionellen Inhalten auch für den Online-Markt an eine professionelle Leistungserstellung gebunden, auf die branchenfremde Herausforderer in der Regel aber nicht zurückgreifen können. Für die reine Verbreitung von Anzeigen hingegen ist keine ausgeprägte journalistische Kompetenz erforderlich, wodurch ein Auftreten von branchenfremden Anbietern wahrscheinlich wird.

Die Bedrohung durch intensivierte Wettbewerbsverhältnisse liegt für die Tageszeitungsverlage demnach vor allem in ihrem zweiten Markt: dem Werbemarkt. Hinsichtlich der Ausgangsposition der Tageszeitungsverlage auf dem Online-Werbemarkt muss nach Lehr differenziert werden zwischen dem Geschäft mit den rubrizierten (Klein-)Anzeigen und dem Geschäft mit der klassischen Werbung für Markenartikel

168 Vgl. Fritz, 2001, S. 72 f.
169 Vgl. Ebenda, S. 73.
170 Vgl. Judson/Kelly, 1999, S. 30 ff.
171 Vgl. Keuper, 2002, S. 643 f.

und Dienstleistungen.[172] Dabei wird vermutet, dass das rubrizierte (Klein-)Anzeigengeschäft am stärksten durch neue branchenfremde Konkurrenten bedroht ist. Und so befürchtet auch fast jeder Tageszeitungsverlag den Verlust wichtiger Deckungsbeiträge, ausgelöst durch eine Verlagerung der rubrizierten Anzeigen auf elektronische Märkte.[173]

Gerade die Einnahmen aus den lokalen und regionalen Geschäfts-, Stellen-, KFZ-, und Immobilienanzeigen sind tragende Posten in den Bilanzen von Tageszeitungen. Es kann nicht bezweifelt werden, dass das Suchen einer Wohnung, eines Autos oder eines passenden Stellenangebotes durch Online-Angebote mit Suchfunktionen oder auch durch eine individuelle Hinterlegung von Suchprofilen, wesentlich leichter und schneller zu bewerkstelligen ist, als durch ein manuelles Durchblättern in den Anzeigenteilen von gedruckten Tageszeitungen. Zudem bietet die Werbung im WWW besondere Vorteile, weil sich der Erfolg einer Kampagne in Echtzeit und bis auf die einzelnen Nutzer verfolgen, messen und analysieren lässt. Auch existieren ausgeklügelte Systeme, die das Verhalten von einzelnen Nutzern beobachten und Profile aufzeichnen, welche dann wiederum entweder zur individuellen Anpassung der ihnen präsentierten Werbebotschaften oder für weitere Marketingaktionen eingesetzt werden können.[174]

Dem Internet ist also theoretisch[175] eine hohe werbliche Eignung zuzusprechen; darüber hinaus bietet es auch die Möglichkeit, Werbung und Vertrieb in einem Medium zu integrieren.[176] Ein weiterer Vorteil der Werbung im Internet ist, dass die Online-Werbemärkte keiner geographischen Begrenzung durch Vertriebs- oder Verbreitungsgebiete unterliegen. Alles in allem könnte dies dazu führen, dass es langfristig zu einem Verdrängungswettbewerb durch Umverteilungsprozesse im Gesamtwerbeaufkommen zulasten der Tageszeitungsverlage kommt. Zum einen durch Anzeigenverluste in ihrem traditionellen Werbemarkt, ausgelöst durch ein Abwandern der Werbetreibenden in das Internet, und zum anderen durch den neuen Wettbewerb im Online-Werbemarkt. Im Folgenden werden die Wettbewerbsverhältnisse im Online-Werbemarkt unter Berücksichtigung des Online-Rubrikenmarktes analysiert, denn hier liegt die größte Herausforderung für die Tageszeitungsverlage.

---

172 Vgl. Lehr, 1999, S. 96.

173 Vgl. Hess, 2002, S. 571.

174 Vgl. Detering, 1999, S. 124.

175 „Theoretisch" deshalb, weil hauptsächlich die Bannerschaltungen, die man auch als „Urform" der Online-Werbeformen bezeichnen kann, gegenwärtig nicht die gewünschten Erfolge erzielen. So kommt ein Bannerkontakt durchschnittlich erst nach rund 400 Seitenabrufen zustande (vgl. Brechtel, 2001, S. 112). Dies führt nach Kröger dazu, dass Werbetreibende und Werbeträger nach funktionellen Erweiterungen dieser Werbeform streben oder verstärkt auf Sonderwerbeformen (bspw. Sponsoring, Pop-Ups, Intersitials) zurückgreifen (vgl. Kröger, 2002, S. 531).

176 Vgl. Sennewald, 1998, S. 39.

3.3 Festlegung des Untersuchungsansatzes: Branchenstrukturanalyse

Zur Analyse von Markt und Wettbewerb hat sich in der Medienwirtschaft die Perspektive der Industrieökonomik (Theory of Industrial Organizations) durchgesetzt.[177] Im Mittelpunkt einer industrieökonomischen Betrachtung stehen dabei die Merkmale der Branchenstruktur („Structure“), das Verhalten der Marktteilnehmer („Conduct“) und das daraus resultierende Marktergebnis („Performance“). Dabei hängt laut Porter die Wettbewerbsintensität einer Branche entscheidend von deren Struktur ab. Zur Beschreibung und Analyse der Branchenstruktur („Structure“) zieht er dabei die sog. Wettbewerbskräfte („Driving Forces“) heran: die Rivalität unter den etablierten Anbietern, die Bedrohung der erreichten Wettbewerbsposition durch neue Konkurrenten und durch Ersatzprodukte sowie die Verhandlungsstärke von Abnehmern und Lieferanten. Die Wettbewerbskräfte sind in unterschiedlichen Branchen unterschiedlich stark ausgeprägt. Mit einer steigenden Intensität dieser Kräfte sinken potenziell zu erzielende Gewinne.[178]

Den Ausgangspunkt einer solchen Strukturanalyse bildet die Festlegung der relevanten Branche, der ein Unternehmen zuzurechnen ist. Die Branche kann als eine Gruppe von Unternehmen definiert werden, die Produkte herstellen oder Dienstleistungen erbringen, die sich gegenseitig ersetzen können.[179] Für die folgende Strukturanalyse wird die Branche des Online-Werbemarktes festgelegt. Diese umfasst diejenigen Werbeträger im Internet, die zu kommerziellen Zwecken in ihren Online-Angeboten eine Platzierung von werbeführenden Elementen vorsehen und/oder über einen Online-Rubrikenmarkt verfügen.

Die nachfolgende Abbildung veranschaulicht die zu analysierenden fünf Wettbewerbskräfte im Online-Werbemarkt aus Sicht der Tageszeitungsverlage.

---

177 Vgl. Karmasin/Winter, 2000, S. 69 f. Das Marktstruktur-Marktverhalten-Marktergebnis-Schema ist in der Literatur nicht unkritisiert geblieben. Strittig sei nach Heinrich überwiegend die Frage, ob und inwieweit eine Kausalität zwischen den drei Analyseeinheiten „in dem Sinne unterstellt werden kann, dass die Struktur das Verhalten und das Verhalten das Ergebnis determiniere“. Der praktische Nutzen des Schemas ist jedoch unbestritten (vgl. Heinrich, 2001, S. 58).

178 Vgl. Porter, 1989, S. 22 ff.; vgl. Schumann/Hess, 2002, S. 36.

179 Vgl. Hörschgen/Kirsch/Käßer-Pawelka/Grenz, 1993, S. 145.

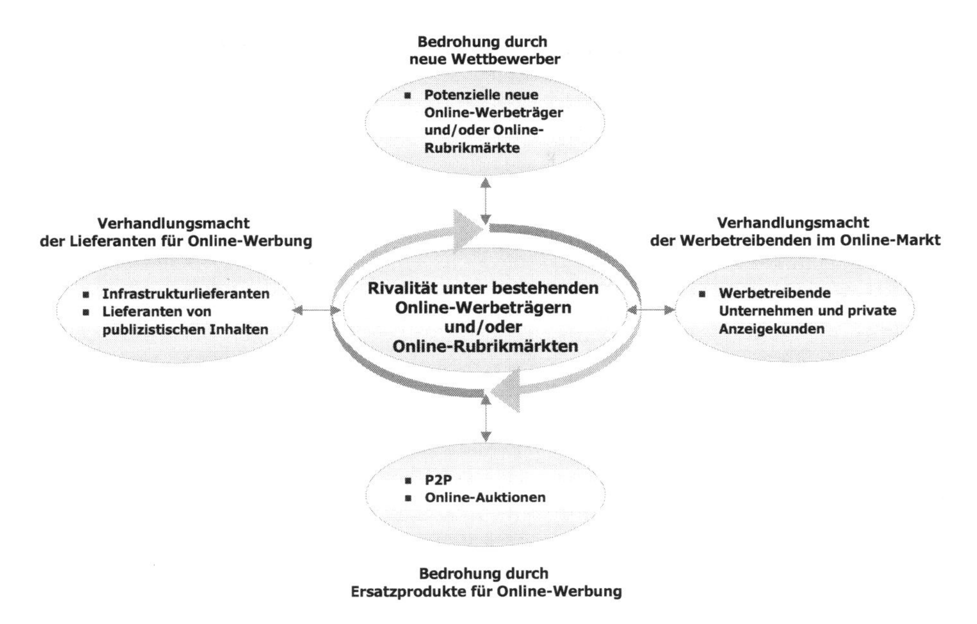

Abb. 4: Fünf Wettbewerbskräfte im Online-Werbemarkt [180]

3.3.1 Verhandlungsmacht der Lieferanten für Online-Werbung

Branchenlieferanten können bei einer gegebenen Monopolstellung bzw. marktbeherrschenden Stellung im Allgemeinen durch eine Androhung von Preiserhöhungen, Lieferverzögerungen oder auch Qualitätssenkungen Druck auf ihre Abnehmer ausüben. Die Lieferanten von Tageszeitungsverlagen im Internet können in zwei Gruppen eingeteilt werden. Zum einen in die Lieferanten von technischer Infrastruktur und zum anderen in Lieferanten von publizistischen Inhalten (z.B. Nachrichtenagenturen, freie Journalisten etc.)[181] Im traditionellen Werbemarkt ist die Leistung der Lieferanten von publizistischen Inhalten deshalb erforderlich, weil eine Tageszeitung ein Verbundprodukt aus redaktionellen Inhalten und Werbeschaltungen darstellt. Sie bietet den Werbetreibenden ein redaktionell attraktives Anzeigen- und Werbeumfeld. Im Online-Markt hingegen kann ein Nutzer in kürzester Zeit durch „Hyperlinks“ oder Suchmaschinen auf vielfältige ergänzende Informationen zurückgreifen. Eine Bindung der Werbebotschaften an publizistische Inhalte ist hier nicht in dem Maße, wie im

180 In Anlehnung an Porter, 1989, S. 23.
181 Vgl. Gerpott/Heil, 1997, S. 300.

traditionellen Werbemarkt erforderlich, weshalb die Lieferanten von publizistischen Inhalten über keine ausgeprägte Verhandlungsmacht verfügen.

Zu den Infrastrukturlieferanten der Tageszeitungsverlage zählt man die Telekommunikations-Netzbetreiber, Netzzugangsanbieter und die Lieferanten von Hard- und Software. Die Leistungen dieser Unternehmen erhalten Online-Anbieter gegen Entgelt für Mietleitungen und Datentransport sowie für Systeminvestitionen in Hard- und Software.[182] Böning-Spohr/Hess weisen darauf hin, dass allenfalls bei Individualsoftware eine stärkere Verhandlungsposition der Lieferanten gegeben sein könnte, da z.B. der Wechsel zu einem Wettbewerber für den Kunden höhere Umstellungskosten implizieren kann als bei Standardprodukten. Ein Wechsel von Netzzugangsanbietern und Hard- und Softwarelieferanten hingegen sei heute im Allgemeinen aufgrund der Vielzahl von Anbietern vergleichbarer Leitungsobjekte, durch einheitliche technische Standards ohne relevante Umstellungskosten möglich[183] und folglich einfach vollziehbar. Die Lieferantenmacht von Anbietern der technischen Infrastruktur im Online-Werbemarkt wird deshalb aus Sicht der Tageszeitungsverlage als niedrig eingestuft.

3.3.2 Verhandlungsmacht der Werbetreibenden im Online-Markt

Im (Online-)Werbemarkt haben die werbetreibenden Unternehmen und die von ihnen gegebenenfalls beauftragten Media-Agenturen eine sehr hohe Verhandlungsmacht, da sie prinzipiell bestimmen wo und wann die Werbeschaltungen platziert werden. Im Online-Werbemarkt haben diese Unternehmen zusätzlich die Möglichkeit, mit ihren eigenen Online-Angeboten direkt zu werben. Sie sind dadurch in der Lage, keinen weiteren Werbeträger zwischenschalten zu müssen. So sind heute zumindest alle großen Unternehmen der Industrie- und Dienstleistungsbranchen mit eigenen, teils sehr aufwendigen, Internet-Auftritten vertreten, mit denen sie u. a. die Möglichkeit nutzen, ihre Produkte bzw. Dienstleistungen direkt zu bewerben und in direkten Kontakt mit den potenziellen Kunden oder auch Stellenbewerbern zu treten. Dies kann zu einer Disintermediation, der „Umgehung oder Ausschaltung etablierter Absatzmittler auf elektronischem Wege“[184], der Tageszeitungsverlage führen, da im Internet Distanzen keine Marktbarriere mehr darstellen und der Kontakt zwischen Anbieter und Nachfrager

---

182 Vgl. Schumann/Hess, 2002, S. 37.

183 Vgl. Böning-Spohr/Hess, 2002. Umstellungskosten sind einmalige Kosten, die für einen Kunden durch den Produkt-, oder Lieferantenwechsel entstehen können (z.B. Umschulungskosten für Mitarbeiter, Kosten für neue Zusatzgeräte etc.). Sind diese hoch, so müssen die Neuanbieter über ein wesentlich besseres Preis-Leistungs-Verhältnis verfügen, um einen Lieferantenwechsel auszulösen (vgl. Porter, 1999, S. 41).

184 Fritz, 2001, S. 73.

direkt und ohne Zwischenglieder stattfinden kann. Durch eine Disintermediation werden einzelne wertschöpfende Aktivitäten verstärkt firmenintern koordiniert. Hierdurch lassen sich Kosteneinsparungen realisieren.[185]

Beispielhaft kann eine drohende Gefahr der Disintermediation im Rubrikengeschäft „lokale Geschäftsanzeigen" anhand der Discount-Lebensmittelhändler „Aldi" (Fa. Albrecht, Mühlheim) und „Lidl" (Fa. Lidl + Schwarz, Neckarsulm) sowie der Handelsgruppe „Mediamarkt + Saturn" (München) dargestellt werden, die umsatzmäßig im Jahr 2001 die drei größten Werbekunden der Tageszeitungsverlage im traditionellen Werbemarkt darstellten.[186] Regelmäßig schalten sie ihre „Aktionen der Woche" in den lokalen, regionalen und überregionalen Tageszeitungen. Sie sind zusätzlich dazu übergegangen, genau diese Produkte auch mit ihren eigenen Online-Angeboten zu bewerben.

Ein weiteres Beispiel einer drohenden Disintermediation seitens der Werbekunden lässt sich für den Rubrikmarkt „Immobilien" aufzeigen; dort haben übergeordnete Organisationen wie der „Ring Deutscher Makler" („rdm.de") und der „Verband Deutscher Makler" („vdm.de") in der Zwischenzeit Online-Anzeigenplattformen aufgebaut, mit denen sich ihre Mitglieder mit Angeboten direkt an die Nutzer wenden können.[187]

Viele Unternehmen sind zudem längst dazu übergegangen, ihre Stellenangebote auf dem eigenen Online-Auftritt auszuschreiben. Einige Unternehmen verfügen darüber hinaus über umfangreiche Recruitment-Systeme (Personalbeschaffungs- bzw. Personalentwicklungssysteme), so beispielsweise die Bertelsmann AG, Gütersloh („bertelsmann.de"). Der mit dem Online-Angebot verlinkte „Personal Career Planer" bietet neben der Möglichkeit einer digitalen Bewerbung auch weitere Funktionen wie beispielsweise Auskünfte über den Bewerbungsstatus, eine Suchfunktion für ein profilgerechtes Stellenangebot („Jobagent") sowie einen Karriere-Newsletter an. Weiterhin haben sich in den USA sogar bereits einige Arbeitgeber, die sich selbst als „Direct Employers" bezeichnen, zu einer Nonprofit-Organisation zusammengeschlossen. Sie bieten auf ihrem Online-Angebot („directemployers.com") zwischenzeitlich ein sehr umfangreiches Stellenangebot an.[188]

---

185 Vgl. Schögel/Birkhofer/Jazbek/Tomczak, 2002, S. 21.
186 Im Jahr 2001 gaben die drei Firmen nach Angaben der AC Nielsen Werbeforschung mehr als 360 Mio. € für die Werbung in Tageszeitungen aus (vgl. o.V., 2002a, S. 30).
187 Vgl. Hesse, 2001, S. 159.
188 Vgl. Borstelmann/Min, 2002, S. 208.

Aber es sind nicht nur die Unternehmen, die Werbekunden eines Tageszeitungsverlages sind. Hauptsächlich in ihren Rubrikmärkten Familien-, KFZ-, und Immobilienanzeigen zählen auch private Werbetreibende zu ihren Kunden. Dabei wird dem einzelnen privaten Abnehmer zunächst aus traditioneller ökonomischer Sicht eine nur relativ geringe Bedeutung, und damit auch Verhandlungsmacht, zugeschrieben. Das Internet ermöglicht den privaten Abnehmern jedoch generell eine höhere Marktmacht. Zerdick et al. sprechen in diesem Zusammenhang auch von dem Phänomen der „reversen Märkte", denn die elektronischen Märkte wie das Internet hätten das bisherige Informationsungleichgewicht zwischen Anbietern und Nachfragern deutlich zugunsten der Nachfrager verschoben, so dass diese nun mehr Einfluss auf den Marktprozess ausüben könnten.[189] Hofer bezeichnet diesen Prozess auch als „Customer Empowerment".[190]

Neben der erhöhten Markttransparenz profitieren die privaten Anzeigenkunden derzeit auch von einer großen Anzahl von Online-Rubrikdatenbanken, die ihre Zielgruppen abdecken und ihre Dienste teilweise kostenlos anbieten (Bsp.: für den KFZ-Markt: „mobile.de"). Deshalb kann auch dem privaten Anzeigenkunden im Internet eine hohe Verhandlungsmacht zugeschrieben werden.

Gegen eine hohe Verhandlungsmacht der Abnehmer oder auch gegen eine drohende Disintermediation der Tageszeitungsverlage im Online-Werbemarkt spricht, dass die Attraktivität der Online-Angebote von Tageszeitungen als hoch anzusetzen ist. So verfügen sie über bekannte Marken, i.d.R. über hohe Zugriffszahlen und über eine hohe Glaubwürdigkeit und weisen somit ein gutes werbliches Image auf. Dennoch bleibt festzuhalten, dass die Verhandlungsmacht der werbetreibenden Unternehmen und auch der werbetreibenden Privatkunden im Internet grundsätzlich sehr hoch ist. Zudem weist Keuper auf einen weiteren Aspekt hin, der die Verhandlungsmacht der Werbekunden seit 2001 ganz generell ansteigen ließ: das derzeit stark gedrosselte Werbebudget.[191]

3.3.3 Rivalität unter den bestehenden Online-Werbeträgern

„Die Rivalität unter den bestehenden Wettbewerbern einer Branche kann nach Porter als die zentrale Triebkraft einer Branche angesehen werden".[192] Zeitungs- und Zeitschriftenverlage, Radio- und Fernsehsender, d.h. praktisch jeder klassische Werbeträger ist mittlerweile auch mit eigenen Angeboten im Internet vertreten. Der inter- und intramediäre Wettbewerb der klassischen Werbeträger um das Werbebudget hat sich längst

189 Vgl. Zerdick et al., 2001, S. 231.
190 Vgl. Hofer, 1999b, S. 34.
191 Vgl. Keuper, 2002, S. 647.
192 Macharzina, 1999, S. 231.

auch auf das Internet ausgeweitet. Um eine Aussage darüber zu treffen, welche Werbeträger im Online-Markt erfolgreich tätig sind und auch über Online-Rubrikenmärkte verfügen, werden zunächst die Daten einer der „Leitwährungen" zur Berechnung von Anzeigenpreisen, der „Informationsgemeinschaft zur Feststellung der Verbreitung von Werbeträgern e.V." (IVW), ausgewertet. Im Juli 2002 waren bei der IVW insgesamt 405 Werbeträger gemeldet, die sich weiter in Vermarktungsgemeinschaften, Netzwerke und einzelne Online-Angebote untergliedern.[193] Unter den zuletzt genannten wurden anhand der gemeldeten Page-Visits[194] die vierzig erfolgreichsten Online-Werbeträger für den Monat Juli 2002 ermittelt.

	Name des Online-Angebotes	**Erzielte PageVisits im Juli 2002**	**Erzielte PageImpressions im Juli 2002**	**Online-Rubrikenmarkt vorhanden? ST.: Stellenanzeigen KFZ: KFZ-Anzeigen Immo.: Immobilienanzeigen**
1	SPIEGEL ONLINE	19.624.730	109.533.034	ST. (in Kooperation)
2	AOL-Homepage	18.340.293	115.811.083	ST. / KFZ (in Kooperation)
3	Heise online	17.410.053	94.161.589	ST. / eigenes Angebot
4	RTL.de	15.465.514	306.428.416	KFZ (in Kooperation)
5	Mobile.de Der Automarkt	12.586.546	350.006.182	KFZ / eigenes Angebot
6	Bild.de	12.253.371	229.088.701	ST. (in Kooperation), KFZ / eigenes Angebot
7	CHIP Online	9.356.113	66.067.344	ST. (in Kooperation)
8	FOCUS ONLINE	8.781.945	100.296.392	ST., KFZ (in Kooperation)
9	WetterOnline	8.445.611	63.046.443	Kein Angebot
10	n-tv online	6.270.425	41.055.554	ST. (in Kooperation)
11	Tiscali	5.586.508	31.548.278	ST., KFZ (in Kooperation)
12	Sport1	5.098.153	43.744.612	Kein Angebot
13	OnVista.de	4.909.570	40.826.124	ST., Immo. (in Kooperation)
14	Wetter.net	4.259.252	10.266.706	Kein Angebot
15	Gamigo.de	4.127.745	33.974.148	Kein Angebot
16	Wetter.com	4.045.651	25.763.963	Kein Angebot
17	SAT 1 Online	3.961.298	132.385.944	Kein Angebot

193 Es gibt keine Statistik, die alle Online-Werbeträger im deutschsprachigen Teil des Internet berücksichtigt. So nehmen beispielsweise einige der großen und hochfrequentierten Online-Dienste wie „yahoo.de" , „lycos.de" und „web.de" nicht am IVW-Meldeverfahren teil, obwohl sie ebenfalls kommerzielle Werbeträger sind. Dennoch ergibt sich aus Sicht der Autoren anhand der IVW-Liste ein hinreichendes Bild über die erfolgreichen Werbeträger im deutschsprachigen Online-Markt.

194 Mit PageVisits (= „Besuche", d. h. zusammenhängende Nutzungsvorgänge) und PageImpressions (= Abrufe von kompletten HTML-Seiten) stehen den Werbetreibenden im monatlichen Rhythmus objektive Leistungskennziffern über die Nutzungshäufigkeit und Akzeptanz von Online-Angeboten zur Verfügung. Beispielsweise kann das Verhältnis der PageImpressions zur Anzahl der PageVisits bei redaktionellen Angeboten erheblich größer sein als bei Suchmaschinen, bei denen häufig nur wenige Seiten pro Besuch abgerufenen werden.

	Name des Online-Angebotes	Erzielte PageVisits im Juli 2002	Erzielte PageImpressions im Juli 2002	Online-Rubrikenmarkt vorhanden? ST.: Stellenanzeigen KFZ: KFZ-Anzeigen Immo.: Immobilienanzeigen
18	PC-WELT	3.901.069	25.796.887	ST. (in Kooperation)
19	NBC GIGA	3.895.179	58.275.759	Kein Angebot
20	Consors	3.737.916	28.115.566	Kein Angebot
21	Coupé Online	3.732.834	80.357.826	Kein Angebot
22	Praline interaktiv	3.480.350	105.916.114	Kein Angebot
23	L'TUR Last Minute	3.459.859	45.292.724	Kein Angebot
24	Handelsblatt.com	3.325.660	15.662.938	ST. (in Kooperation)
25	ZDNet	3.272.299	34.273.347	ST. (in Kooperation)
26	Sueddeutsche.de	3.271.996	28.665.370	ST., Immo., KFZ / eigenes Angebot
27	DIE WELT online	2.974.875	18.340.424	ST., Immo. / eigenes Angebot, KFZ (in Kooperation)
28	Finanztreff.de	2.910.733	22.917.219	ST. (in Kooperation)
29	Rp-online	2.627.578	19.657.282	ST., Immo., KFZ / eigenes Angebot
30	Kicker online	2.618.725	17.795.302	Kein Angebot
31	GameStar	2.549.799	18.434.628	Kein Angebot
32	Financial Times Deutschland	2.492.785	8.674.340	ST. (in Kooperation)
33	Falk	2.409.261	22.790.835	Kein Angebot
34	Ciao.com	2.251.170	21.617.092	Kein Angebot
35	Antenne Bayern	2.189.243	8.951.358	Kein Angebot
36	ProSieben Online	2.150.727	56.802.896	Kein Angebot
37	BerlinOnline	2.037.147	13.476.803	ST., KFZ, Immo. / eigenes Angebot
38	Manager magazin online	1.959.095	5.765.346	ST. (in Kooperation)
39	FAZ.NET	1.936.204	12.665.713	ST. / eigenes Angebot
40	TUI.de	1.831.534	22.291.535	Kein Angebot
	Marktanteil der Top-40 (CR-40)	*68%*	*72 %*	

Tab. 4: Top-40 der einzeln gemeldeten IVW-Online-Werbeträger für den Monat Juli 2002 [195]

Die IVW-Liste ist besonders aufschlussreich, denn sie belegt, dass die traditionellen Massenmedien im Internet nicht mehr unbedingt die erfolgreichsten Werbeträger darstellen. Der Wettbewerb hat sich ganz eindeutig um erfolgreiche, branchenfremde Anbieter erweitert. Doch lassen sich insgesamt acht der vierzig erfolgreichsten Werbeträger unter den einzeln gemeldeten Online-Angeboten den Tageszeitungsverlagen zuordnen. Auch der erfolgreichste Werbeträger für den Monat Juli 2002 kann als Ange-

195 Eigene Auswertung (der Datenbezug erfolgte unter „ivw-online.de“: zugegriffen am 09.09.2002).

bot einer Zeitschrift („Spiegel.de“) den traditionellen Werbeträgern zugerechnet werden. Als neue, branchenfremde Wettbewerber können beispielsweise „L'TUR“ (Reiseveranstalter, Platz 23) oder „Consors“ (Discount-Brokerage-Bank, Platz 20) genannt werden. Bei diesen beiden Online-Angeboten könnte man argumentieren, dass sie den Tageszeitungen keine Werbeeinnahmen streitig machen, da sie ein viel zu spezielles Nutzerklientel ansprechen sowie keine Online-Anzeigendatenbanken im Rubrikenmarkt anbieten. Anders hingegen die ehemalig reinen Online-Provider „AOL“ (Platz 2) und „Tiscali“ (Platz 11), die ein universelles Publikum ansprechen. Sie verfügen mittlerweile auch über redaktionelle Angebote und sind durch eingegangene Kooperationen (ebenfalls mit branchenfremden Unternehmen) im Online-Rubrikenmarkt tätig. Als neuer, branchenfremder Wettbewerber für die KFZ-Anzeigen ist hier im Be-sonderen „Mobile.de“ zu nennen, das noch vor dem ersten Online-Angebot einer Tageszeitung auf Platz 5 rangiert. „Mobile.de“ ist eine Vermittlungsplattform von Fahrzeugen im Internet und stellt damit einen direkten Konkurrenten für die KFZ-Anzeigen in den gedruckten Tageszeitungen sowie für ihre Online-Anzeigenmärkte dar; insbesondere auch deshalb, weil hier private Anbieter kostenlos Anzeigen schalten können. Im Jahre 2001 konnte das Unternehmen bereits über 9 Mio. € Umsatz erwirtschaften und rechnet für 2002 mit einer Umsatzsteigerung von über 30%.[196]

Um eine weitere Aussage über den Online-Markt für Stellenanzeigen treffen zu können, wird auf eine Marktanalyse des Informationsdienstleisters CrossWater Systems Ltd. im Mai 2002 zurückgegriffen. So existieren im deutschsprachigen Internet bereits allein über 400 Jobbörsen, bei denen private Nutzer Stellengesuche, i.d.R. kostenlos, schalten können. Gemessen an dem Kriterium „Anzahl nach Gesamtstellen“[197] verfügen auch dort branchenfremde Anbieter bereits über die größten Marktanteile: das Arbeitsamt mit seinen Online-Diensten „SIS“ und „ASIS“, das „Karrierenetzwerk - Monster.de“ und die Alma Mater AG („alma-mater.de“), eine Jobbörse, die sich auf Hochschulabgänger spezialisiert hat.[198]

Die Rivalität unter den bestehenden Werbeträgern im Internet ist abschließend als sehr hoch zu werten, da sich, zum einen, der Wettbewerb um erfolgreiche transmediäre (branchenfremde) Werbeträger und Online-Rubrikmärkte erweitert hat, denn „je größer (...) die Anzahl der Wettbewerber auf dem Markt ist, desto stärker ist tendenziell die Konkurrenz“.[199] Zum anderen deshalb, weil das Branchenwachstum relativ gering ist

196 Vgl. Jung, 2002, S. 94.
197 „Gesamtstellen” ist die Addition von Stellenangeboten und –gesuchen.
198 Vgl. CrossWater Systems Ltd. (Hrsg.), 2002, S. 27 u. S. 65.
199 Schumann/Hess, 2002, S. 36.

und es darüber hinaus generell eine Überkapazität an Werbeplätzen im Internet gibt. So wurden in den ersten sechs Monaten des Jahres 2001 im deutschsprachigen Internet nur ein Viertel der verfügbaren Werbeplätze tatsächlich verkauft, was zu Preissenkungen unter den Werbeträgern führte.[200] Häufige, wechselseitige Veränderungen von Parametern, wie beispielsweise Angebotspreise oder auch Serviceangebote, sind charakteristisch für einen intensivierten Wettbewerb unter den bestehenden Anbietern einer Branche.[201]

3.3.4 Bedrohung durch neue Online-Werbeträger

"One of the exciting things about the Internet is that anyone with a PC and a modem can publish whatever content they can create". [202]

Ziel dieses Abschnitts ist die Eingrenzung potenzieller neuer Konkurrenten im Online-Werbemarkt. Als Marktzutritt wird die Erstellung neuer Produktionskapazitäten durch bisher nicht agierende Anbieter bezeichnet. Durch den Eintritt von neuen Anbietern auf einem Markt werden die dort erzielbaren Preise bzw. Erlöse gedrückt und/oder die Kosten der bisherigern Anbieter erhöht, so dass die Branchenrentabilität sinkt.[203] Dabei hängt die Gefahr des Aufkommens von neuen Wettbewerbern entscheidend von der Höhe der Marktzutrittsbarrieren ab.

Als wichtige Marktzutrittsbarrieren gelten, neben gegebenenfalls existierenden rechtlichen Restriktionen, Massenproduktionsvorteile der bereits in der Branche tätigen Unternehmen und weiter der eventuell hohe Kapitalaufwand für den Markteintritt, den die neuen Anbieter benötigen. Ebenso zählen hohe Umstellungskosten, die sich für Kunden bei einem Wechsel auf neue Anbieter ergeben könnten, zu den Marktzutrittsbarrieren.[204]

Die Marktzutrittsbarrieren, die das Internet als Prototyp der neuen Vertriebsstruktur für Medieninhalte und Werbung aufweist, sind im Vergleich zu den traditionellen Absatzmärkten der Print- und Rundfunkbranchen außergewöhnlich niedrig, war doch die Produktion und Verbreitung von Medienangeboten, und damit auch von Werbebotschaften, bislang nach Altmeppen an hohe Investitionen in Druck-, Sende- und Übertragungstechnik gebunden. Mit der Netzkommunikation entfallen diese Investitionen, so dass auch den nicht-medialen Akteuren (bspw. Organisationen, Einzelpersonen)

---

200 Vgl. W & V, 2001; vgl. Fantapié Altobelli, 2002, S. 15.
201 Vgl. Schumann/Hess, 2002, S. 36.
202 Bill Gates, CEO Microsoft, 1996: "Content is King", in: http://www.microsoft.com/billgates/columns/1996essay/essay960103.asp, zugegriffen am: 10.09.2002.
203 Vgl. Schumann/Hess, 2002, S. 36.
204 Vgl. Macharzina, 1999, S. 229.

grundsätzlich die Möglichkeit gegeben ist, sich an der Herstellung von öffentlicher Kommunikation zu beteiligen.[205] So kann jede Person oder Institution, die Zugang zu preiswertem Speicherplatz auf einem vernetzten Computer hat, eigene Inhalte erstellen und sich zudem als Werbeträger mit einer potenziellen Reichweite anbieten, die bisher nur den klassischen Massenmedien vorbehalten war. Ferner ist es den Werbekunden möglich, ohne Umstellungskosten zu anderen Online-Werbeträgern zu wechseln.[206] Demnach sind die Marktzutrittsbarrieren so niedrig, dass die Tageszeitungsverlage zukünftig mit einer Vielzahl von neuen Konkurrenten im Online-Werbemarkt rechnen müssen.

Gegen das Auftreten von neuen Konkurrenten der bereits agierenden Tageszeitungsverlage im Online-Rubrikenmarkt spricht, was Witte/Senn (1984) unter dem Begriff „Bündlungseffekt" zusammengefasst haben: „Rubrizierte Angebote haben die Tendenz, sich in einem spezifischen Werbeträger zusammenzufinden, um dort eine umfassende Angebotsübersicht zu schaffen".[207] Heute kann man in der Internet-Ökonomie in diesem Zusammenhang auch von „positiven Netzwerkexternalitäten" sprechen. Dabei beschreiben Netzwerkexternalitäten die Auswirkungen der Teilnahme einer Person an einem Netzwerk auf die übrigen Teilnehmer. Diese können sich durch das „Metcalfe Gesetz" ausdrücken lassen, welches besagt, dass der individuelle Nutzen bzw. Wert eines Netzwerks im Quadrat der Zahl seiner Nutzer ansteigt.[208] Das bedeutet, dass etablierte Online-Anzeigendatenbanken mit zunehmender Größe und Verbreitung attraktiver werden, was wiederum neue Nutzer veranlasst, dort eine Anzeige zu schalten oder auch nach Angeboten zu suchen. Das Wachstum einer Online-Anzeigendatenbank führt also – rein theoretisch – zu einem weiteren Wachstum (dieser Sachverhalt wird auch das Konzept der positiven „feed-backs" genannt).[209]

Aufgrund ihres früheren Markteintritts verfügen etablierte Online-Rubrikanbieter demnach über entscheidende Wettbewerbsvorteile, die es neuen Anbietern erschweren, schnell eine kritische Masse[210] zu erreichen. Darüber hinaus spricht gegen einen Eintritt weiterer Konkurrenten die bereits hohe Rivalität unter den bestehenden Online-Werbeträgern, das noch relativ geringe Werbevolumen im Online-Markt sowie der hohe Bekanntheitsgrad der traditionellen Massenmedien, den sie auf ihr Online-Angebot

---

205 Vgl. Altmeppen, 2000, S. 123.
206 Vgl. Wirtz, 2001, S. 390.
207 Witte/Senn, 1984, S. 68.
208 Vgl. Zerdick et al., 2001, S. 157.
209 Vgl. Ebenda S. 160.
210 Kritische Masse bezeichnet den Punkt in der Entwicklung eines Netzwerkes, ab dem dieses ausreichend attraktiv wird, so dass ein starker Zuwachs der Teilnehmerzahl einsetzt (vgl. Klein, 2002, S. 205).

übertragen können. Auch befinden sich die Tageszeitungsverlage in der vorteilhaften Situation, dass sie die Anzeigenschaltungen der Zeitungsmutter zum Online-Produkt transformieren und im Internet weiterverwerten können. Dabei handelt es sich nach Degethoff nicht um eine Kannibalisierung des Zeitungsrubrikenmarktes durch das eigene Online-Engagement. Vielmehr wäre dies ein Versuch, das dem Verlag sonst gänzlich – durch verlagsfremde Wettbewerber – verlorene Anzeigengeschäft über das eigene Online-Angebot im Haus zu behalten.[211]

Die Gefahr des Marktzutritts von neuen Konkurrenten in den Online-Werbemarkt ist abschließend als weniger bedrohlich einzustufen. Die existierenden Werbeträger verfügen über einen erheblichen zeitlichen Vorsprung, das Branchenwachstum ist gering und es besteht eine hohe Rivalität zwischen den existierenden Anbietern. Für einen neuen Anbieter bedeutet dies, dass er erhebliche finanzielle Mittel aufwenden muss (z.B. für Werbemaßnahmen), um die bereits abgedeckten Zielgruppen zu erreichen.

3.3.5 Bedrohung durch Ersatzprodukte für Online-Werbung

Ersatzprodukte bezeichnen nach Schumann/Hess solche Produkte, die aus Kundensicht ähnliche oder gleichartige Funktionen erfüllen, wie die Produkte der betrachteten Branche. Dabei wären für einen Abnehmer im Besonderen solche Ersatzprodukte interessant, die über ein besseres Preis-/Leistungsverhältnis verfügen würden.[212] Man muss sich also fragen, durch welches Produkt oder durch welche Dienstleistung die Tageszeitungsverlage in ihrer Funktion als Werbeträger im Internet gänzlich ersetzt oder bedroht werden könnten. Hesse weist darauf hin, dass sich im Internet schon längst eine Dienstleistung als Bedrohung der Online-Werbung und auch der klassischen Printwerbung etabliert habe, und zwar in Form der Online-Auktionshäuser wie beispielsweise „Ebay" oder „Ricardo." Denn dort würden zum großen Teil Produkte in den „Privat-zu-Privat"-Auktionen angeboten, die sich in den klassischen Printmedien unter der Rubrik „Vermischtes" befinden würden.[213]

Eine weitere – wenn derzeit auch recht futuristisch anmutende – Bedrohung der Online-Werbeträger könnte durch die Peer-to-Peer-Technologie (P2P) ausgelöst werden. Mit dem Begriff P2P ist zunächst „die Vorstellung verbunden, dass in einem Netzwerk vieler Gleichberechtigter („Peers") unter Nutzung verfügbarer Informations- und Kommunikationssysteme zwei oder mehr Akteure spontan eine Kollaboration, also die

211 Vgl. Degethoff, 2001, S. 117.
212 Vgl. Schumann/Hess, 2002, S. 36.
213 Vgl. Hesse, 2001, S. 165.

gemeinsame Durchführung von Prozessen, realisieren können, ohne dass es einer zentralen Koordinationsinstanz bedarf".[214] Momentan wird der Begriff P2P u.a. auch für Applikationen benutzt, mit denen im Internet Ressourcen und Informationen direkt oder über einen vermittelnden Rechner ausgetauscht werden. Das Internet dient bei P2P als reines Übertragungsmedium, über das sich die teilnehmenden Computersysteme zu einem individuellen Netzwerk zusammenschließen. Die Systeme gestatten sich dabei gegenseitig einen kontrollierten Zugriff auf eigene Daten (Videos, Musik, Bilder, Software) oder Ressourcen (Speicherplatz) und/oder schließen die beteiligten Rechner zusammen, um die Leistung der Einzelsysteme zu einem leistungsstarken virtuellen Gemeinschaftssystem zu verbinden.

Lehmann-Wilzig sieht durch die P2P-Technologie langfristig die Substitution von Online-Werbung, dabei argumentiert er wie folgt:

> *„Let's take the following probable scenario: Within ten years, almost every citizen will have a personal Internet site. Any time someone seeks to buy or sell something she puts the information on her site. Meanwhile, we will have developed "personal commercial search engines" that will scour the Net's sites for everyone wishing to sell or buy what each of us wants to buy or sell. Such P2P micropurchasing (a sort of Napster-like, non-centralized e-Bay), from/to wholesalers, retailers and private individuals will have one major, devastating effect on newspapers: the total evisceration of classified ads [=Rubrikenanzeigen, A.d.V] that are the central bread-and-butter of most papers (...) Retail advertising [= Einzelhandelsanzeigen, A.d.V.] will probably suffer as well; from the institutional sellers' perspective, why spend tens of thousands of dollars pushing a product or service to the masses when a simple search engine can immediately find an actual customer the minute he starts seriously looking for what they're selling?"* [215]

Inwieweit sich die P2P-Technologie tatsächlich eines Tages zu einer Bedrohung für die Tageszeitungsverlage bzw. letztendlich für alle (Online-)Werbeträger entwickeln wird, kann an dieser Stelle nicht beurteilt werden. Zweifelsohne hat die „Killerapplikation"[216] in der Software-, Musik- wie auch Filmindustrie bereits heute durch ein weltweites „File-Sharing" mit Raubkopien (bspw. in der Musikbranche durch „MP3-Dateien"[217] mittels der Online-Tauschbörsen wie ehemals „Napster" oder heute „WinMX") zu

---

214 o.V., 2002b, S. 306.

215 Sam Lehmann-Wilzig, 2002: "Print newspapers will be put out of business - and it will be a death of a thousand small cuts", in: http://www.ojr.org/ojr/future/1019690650.php, zugegriffen am 28.08.2002.

216 „Killerapplikation" bezeichnet eine Durchbruchinnovation, die über ihren ursprünglich engen Anwendungsbereich hinaus gravierende Umwälzungen nach sich zieht (vgl. Klein, 2002, S. 205).

217 MP3 ist ein Verfahren zur Kompression von Tönen, welches am deutschen Fraunhofer-Institut entwickelt wurde. Durch dieses Verfahren werden die vom Menschen nicht hörbaren Teile der Musik entfernt, so dass sich die Datenmenge reduzieren lässt (vgl. Ebenda, S. 206).

Umsatzeinbußen und zu einer stark gestiegenen Anzahl von Urheberrechtsverletzungen geführt.[218]

Abschließend bleibt festzuhalten, dass die Bedrohung durch Ersatzprodukte für die Online-Werbung durch Tageszeitungsverlage als hoch eingeschätzt wird, da es bereits konkrete Anzeichen dafür gibt, dass durch die zunehmend populären Online-Auktionshäuser (z.B.: „Ebay") weniger Kleinanzeigen durch die privaten oder auch gewerblichen Werbekunden geschaltet werden. Beide gehen dazu über, ihre zum Verkauf stehenden Güter nicht mehr über Werbeschaltungen zu verkaufen, sondern zu versteigern.

3.4 Zusammenfassung

Aufgrund der vorausgegangenen Branchenstrukturanalyse des Online-Werbemarktes ergibt sich folgende Bewertung der fünf Wettbewerbskräfte aus Sicht der Tageszeitungsverlage:

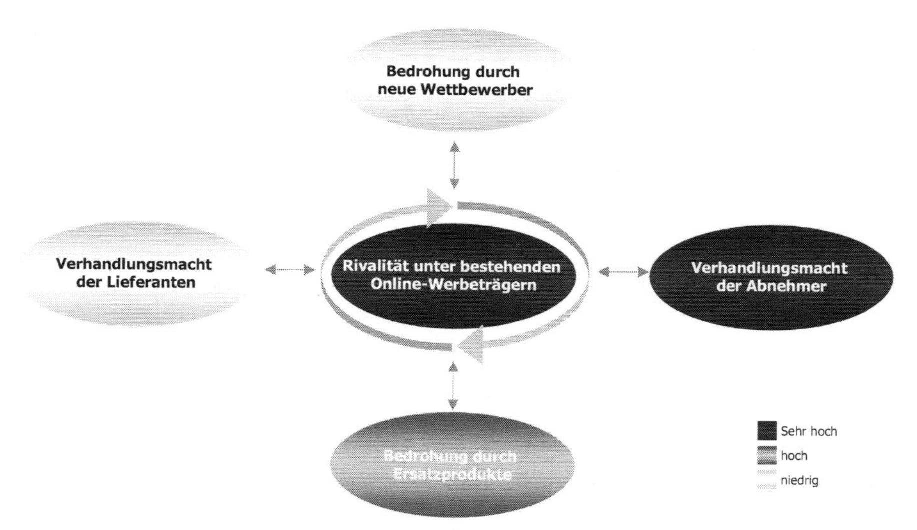

Abb. 5: Ausprägung der fünf Wettbewerbskräfte im Online-Werbemarkt [219]

218 Einer Marktforschungsstudie der Gesellschaft für Konsumforschung (GfK), zufolge, sind allein im Jahre 2000 Musiktitel in einem Umfang von rund 30 Millionen CD-ROMS durch deutsche Internet-Nutzer heruntergeladen worden. Die meisten von kostenlosen Tauschbörsen, wie damals beispielsweise Napster. Wären diese verkauft worden, so hätten sie einen Umsatz von über 3 Mrd. DM eingebracht (vgl. o.V., 2001a, S. 15).

Die fünf Wettbewerbskräfte bestimmen, wie eingangs erwähnt, die Branchenrentabilität. Sie beeinflussen die Preise, die Kosten und den Investitionsbedarf der Branchenanbieter, also die bestimmenden Faktoren der Ertragsraten des investierten Kapitals.[220] Aufgrund der überwiegend hohen Wettbewerbskräfte im Online-Werbemarkt lässt sich sagen, dass die Branchenrentabilität des Online-Werbemarktes relativ gering ist. Hatten die hohen Marktzutrittsbarrieren im traditionellen Werbemarkt die Tageszeitungsverlage lange weitgehend vor neuen Konkurrenten geschützt, so sind sie im Online-Werbemarkt einem hohen Wettbewerbsdruck ausgesetzt, der auch als „mehrdimensional" bezeichnet werden kann. Der intra- und intermediäre Wettbewerb der traditionellen Werbeträger hat sich längst um branchenfremde „Newcomer" erweitert. Diese „Newcomer" haben im Internet bereits die starren Strukturen der traditionellen Werbemärkte aufgebrochen und entscheidend dazu beigetragen, dass sich die Wettbewerbsverhältnisse unter den Werbeträgern intensiviert haben.

Die Tageszeitungsverlage haben aufgrund der niedrigen Marktzutrittsbarrieren des Internet zum einen ihre Monopolstellung über den publizistischen und werblichen Zugang zu den Rezipienten verloren. Zum anderen sind sie auch durch eine potenzielle Disintermediation seitens der Werbetreibenden und/oder aufgrund der Online-Auktionen davon bedroht, als Werbeträger weitgehend ausgeschaltet zu werden.

Die niedrige Branchenattraktivität des Online-Werbemarktes, der hohe Wettbewerbsdruck und die derzeitige finanzielle Krise könnten dazu führen, dass einige Verlage mit dem Gedanken spielen, ihr Online-Engagement zu reduzieren oder gar einzustellen. Die langfristig strategische Ausrichtung einer Unternehmung sollte aber nicht nur auf der Beurteilung der aktuellen Marktsituation basieren. Und auch das Prinzip „Hoffnung und Ausharren bis zum nächsten Konjunkturhoch" dürfte dieses Mal nicht hilfreich sein. So äußert der Verleger Burda beispielsweise die Befürchtung, dass die Stellenanzeigen der gedruckten Tageszeitungen bereits unwiederbringlich an das Internet und an Personalvermittler verloren gegangen sein könnten.[221] Auch werden bereits rund 30% aller Gebrauchtwagen in Deutschland über die Online-Börsen überwiegend kostenlos beworben und vermittelt, hauptsächlich durch die branchenfremden Marktführer „Mobile.de" und „Autoscout.de", die ihren Wettbewerbsvorsprung kontinuierlich ausbauen.[222] So könnte sich die gegenwärtige konjunkturelle Krise der Tageszeitungsverlage tatsächlich zu einer strukturellen ausweiten, und zwar genau zu dem Zeitpunkt, an dem große Anteile des Werbemarktes und hier im Besonderen die rubrizierten

219 In Anlehnung an Porter, 1989, S. 23.
220 Vgl. Porter, 1989, S. 24.
221 Vgl. o.V., 2002c, S. 30.
222 Vgl. Schmidt, 2002, S. 18.

Anzeigen, nicht nur partiell, sondern substitutiv auf die branchenfremden Werbeträger im Internet übergehen.

Die Einnahmen aus dem Anzeigengeschäft stellen die „Achillesferse“ der Tageszeitungsbranche dar. Weitere Verluste in diesem Segment könnten sie allenfalls durch rigorose Rationalisierungsmaßnahmen, unter denen auch die publizistische Qualität leiden könnte, oder durch eine starke Erhöhung der Bezugspreise für die gedruckte Tageszeitung ausgleichen. In welchem Maße eine solche Erhöhung durch die Leserschaft mitgetragen wird ist allerdings fraglich. Zwar weist Sjurts darauf hin, dass sich die „Leser-Blatt-Bindung“ auch in der geringen Preiselastizität der Nachfrage zeige, denn die verkauften Auflagen in den Jahren 1979-1991 wären trotz einer deutlichen Erhöhung der Bezugspreise annähernd gleich geblieben.[223]

Dennoch kann davon ausgegangen werden, dass in einer Zeit in der sich Rezipienten aus einem stark ausgeweiteten partiell kostenlosen Medienangebot (Bsp.: Anzeigenblätter, (regionale) Rundfunkangebote, Online-Angebote etc.) informieren können, sich die Bezugspreise nicht so weit anheben lassen, dass die Verluste aus dem Anzeigengeschäft kompensiert werden. Die Tageszeitungsverlage sind also geradezu gezwungen, ihr Internet-Engagement auch weiterhin zu forcieren, um von der drohenden, wenn auch erst langfristig zu erwartenden, Verlagerung des Werbebudgets nicht ausgeschlossen zu werden.

Welche Geschäftsmodelle sich für das Internet überhaupt herausgebildet haben, und inwieweit sich diese für die Tageszeitungsverlage zur besseren Nutzung des Potenzials des neuen Marktes im Internet anbieten, ist das Thema von Kapitel vier. Zuvor wird jedoch auf die Frage eingegangen, inwieweit der technologische Fortschritt respektive die zunehmende Nutzung des Internet die gedruckte Tageszeitung möglicherweise substituiert und damit das traditionelle Kerngeschäft der Tageszeitungsverlage bedroht.

3.5 Bedroht der digitale Wettbewerb die gedruckte Tageszeitung?

Die Tageszeitung ist einer der ältesten Vertreter im Verbund der Massenmedien. Sie ist folglich seit ihrem Bestehen nicht zum ersten Mal mit den Aufkommen von neuen Medien konfrontiert. Schon als Anfang des letzten Jahrhunderts der Rundfunk entstand, gab es Befürchtungen, dass die Zeitung dem Untergang geweiht sei. Dass dies nicht der Fall sein würde, stellte Riepl bereits 1913 fest: Medien könnten, „wenn sie nur einmal eingebürgert und brauchbar befunden worden sind, auch von den vollkommendsten und

223 Vgl. Sjurts, 1999, S. 15.

höchst entwickelten niemals wieder gänzlich und dauernd verdrängt und außer Gebrauch gesetzt werden (...), sondern [werden] sich neben diesen erhalten, nur dass sie genötigt werden, andere Aufgaben und Verwertungsgebiete aufzusuchen".[224] Diese Auffassung teilt auch Dreier, denn seiner Meinung nach hätte die Vergangenheit gezeigt, dass neue Medienangebote mit den bestehenden lediglich in einen Wettbewerb um die Erfüllung von Funktionen treten und damit zu einer dynamischen Weiterentwicklung des Medienangebotes beitragen.[225] Im Widerspruch hierzu stehen Prognosen, wonach die Online-Medien erstmalig traditionelle Massenmedien gänzlich substituieren werden. Beispielsweise prognostiziert Gates (1998), dass das Internet in den nächsten zwanzig Jahren die gedruckten Massenmedien, und damit auch die gedruckte Tageszeitung, vollständig ersetzen wird.[226]

Diese Gefahr wird vor allem ersichtlich, wenn man sich in Erinnerung ruft, wofür das Internet von den Privatpersonen eigentlich genutzt wird. So steht bei der Nutzung des Internet der Abruf tagesaktueller Nachrichten sowie das Aufsuchen von Ratgeber- und Serviceangeboten im Vordergrund.[227] Oehmichen/Schröter weisen darauf hin, dass diese Nutzung damit weitestgehend mit den Funktionen übereinstimmt, die der Tageszeitung zugeschrieben werden.[228] Daraus könnte man den Rückschluss ziehen, dass die Internet-Nutzer möglicherweise gar keine gedruckte Tageszeitung mehr benötigen, oder gar, dass die Tageszeitungsverlage durch ein eigenes (oft kostenloses) redaktionelles Online-Angebot ihr eigentliches Kerngeschäft „kannibalisieren". In den letzten Jahren wurde anhand von Untersuchungen jedoch festgestellt, dass die stärkere Verbreitung des Internet sowie eine ansteigende Verweildauer nicht zu Lasten der Nutzung klassischer Medien gehen. Der Anteil der Nutzer, die angeben, aufgrund ihrer Internetnutzung weniger fernzusehen, Radio zu hören oder auch Zeitung zu lesen, ist gering. Dadurch bestätigt sich eine komplementäre Beziehung zwischen Internet und den klassischen Medien, die jeweils unterschiedliche Bedürfnisse befriedigen.[229] Schulz weist mit der Begründung, dass die Verkaufsauflagen der Tageszeitungen in den letzten Jahren nur geringfügig zurückgegangen sind, ebenfalls auf eine bis dato komplementäre Nutzung hin.[230] Aber wird ein komplementäres Nutzungsverhalten auch zukünftig gegeben sein?

Einen Anhaltspunkt bieten die Prognosen einer Delphi-Befragung des „Münchner Kreis" (einer gemeinnützigen übernationalen Vereinigung der Kommunikationsfor-

---

224 Riepl, 1913, S. 5.
225 Vgl. Dreier, 2002, S. 43.
226 Vgl. Gates, 1998.
227 Vgl. van Eimeren/Gerhard, 2000, S. 341.
228 Vgl. Oehmichen/Schröter, 2001, S. 411.
229 Vgl. van Eimeren/Gerhard/Frees, 2001, S. 387 ff.
230 Vgl. Schulz, 2001a.

schung), bei der die meisten Experten die Überzeugung äußerten, dass die Nutzung von Printmedien auch zukünftig nicht „stark“ zurückgehen wird. Auch nicht zugunsten von falt- oder rollbaren Displays werde die Leserschaft auf bedrucktes Papier, als vorherrschende Form des Angebotes von textlichen Informationen, zukünftig verzichten. Jedoch rechnet die Hälfte der Befragten damit, dass die heutige Vertriebsform zwischen 2010 und 2014 oder bereits früher durch eine elektronisch versandte Version ersetzt wird. Diese wird mehrmals täglich aktualisiert und erst beim eigentlichen Kauf bzw. vor dem Lesen ausgedruckt.[231]

Abschließend lässt sich also festhalten, dass die gänzliche Substitution des traditionellen Kerngeschäftes der Tageszeitungsverlage durch das Internet als sehr unwahrscheinlich eingestuft werden kann.

---

231 Vgl. Münchner Kreis (Hrsg.), 2000.

4. Mögliche Geschäftsmodelle für das Online-Angebot von Tageszeitungsverlagen

4.1 Begriff des Geschäftsmodells

"Business models are perhaps the most discussed and least understood aspect of the web. There is so much talk about how the web changes traditional business models. But there is little clear-cut evidence of exactly what this means."[232]

Nachdem auf die anfängliche Euphorie über die „New Economy" allmählich Ernüchterung folgte und die einst so spektakulären Visionen in den ersten Firmeninsolvenzen endeten (zynischerweise auch „dot.gone" genannt), wurde nach Krüger/Bach mehr und mehr deutlich, dass die neuen technologischen Möglichkeiten allein und selbst eine auf den ersten Blick originelle Geschäftsidee noch keineswegs Garanten für einen geschäftlichen Erfolg im Internet darstellen. Auf der Suche nach den Ursachen für die Misserfolge würde immer wieder der Begriff des Geschäftsmodells (Business Model) auftauchen. So sei ein fehlendes oder gar untaugliches Geschäftsmodell insbesondere bei Unternehmen der Internet-Ökonomie verantwortlich für den ausbleibenden Erfolg. Diese Aussage wäre zwar zunächst intuitiv sehr einleuchtend, so die Autoren weiter, sie führe aber bei näherer Betrachtung kaum weiter, da in der Literatur keineswegs Einigkeit darüber herrsche, was ein Geschäftsmodell überhaupt ist und woraus es besteht bzw. bestehen sollte.[233]

Um ein Grundverständnis für den Begriff des Geschäftsmodells zu erhalten, empfiehlt sich zunächst der Rückgriff auf die in der Betriebswirtschaftslehre angewandte Modelltheorie.[234] Die Modellbildung dient zum einen der Erfassung der komplexen Realität durch eine Abstraktion, „indem unbedeutende Eigenschaften weggelassen und nur für das Betrachtungsziel wesentliche Merkmale in den Blickpunkt gezogen werden".[235] Zum anderen sind Modelle auch Systeme, die andere (reale) Systeme in ihren als wesentlich erachteten Eigenschaften, also in vereinfachter Weise, abbilden.[236]

---

232 Michael Rappa, 2002: "Managing the digital Enterprise - Business Models on the Web", in: http://www.digital-enterprise.org/models/models.html, zugegriffen am 16.08.2002.

233 Vgl. Krüger/Bach, 2001, S. 30; vgl. Wirtz, 2000b, S. 44.

234 Vgl. Krüger/Bach, 2001, S. 31.

235 Kosiol, 1961, S. 319.

236 Baetge, 1974, S. 47 f.

Demnach umfasst ein Geschäftsmodell die „Darstellung des sozialen Systems Unternehmung mit einer Vereinfachung der realen Gegebenheiten hinsichtlich des Betrachtungsziels der erfolgreichen Geschäftstätigkeit".[237]

Diesem Verständnis entspricht die Definition von Timmers. Er sieht in einem Geschäftsmodell „an architecture for the product, service and information flows, including a description of the various business actors and their roles; and a description of the potential benefits for the various business actors; and a description of the sources of revenues".[238] Für Bieger et al. sind Geschäftsmodelle „vereinfachte Darstellungen oder Abbilder der Mechanismen und der Art und Weise, wie ein Unternehmen, ein Unternehmenssystem oder eine Branche am Markt Werte schafft".[239] Ferner sehen diese in Geschäftsmodellen die relevanten unternehmerischen Analyseeinheiten der Netzwerk-Ökonomie.[240] Fantapié Altobelli versteht unter einem Geschäftsmodell „die Art und Weise, wie Produktionsfaktoren zur Umsetzung der Unternehmensstrategien miteinander kombiniert werden".[241] Rappa hingegen betont die Ausrichtung des Geschäftsmodells an der Wertschöpfungskette: "in the most basic sense, a business model is the method of doing business by which a company can sustain itself – that is, generate revenue. The business model spells-out how a company makes money by specifying where it is positioned in the value chain".[242]

Theoretisch sind sehr viele Ausprägungen von Geschäftsmodellen denkbar, die sich zudem auch nach Branchen unterscheiden können. Gerade die Vielfalt der sich herausbildenden Geschäftsmodelle, auch für Online-Anbieter, macht deren Einteilung und Abgrenzung notwenig. Zur Analyse der im Internet beobachtbaren Geschäftsmodelle ist es demnach hilfreich, einen Klassifikations- und Systematisierungsansatz heranzuziehen. Hierzu stützen wir uns auf den theoretischen Ansatz von Wirtz.

4.2 Theorieansatz von Wirtz

Wirtz fasst den Begriff Geschäftsmodell zunächst sehr weit. Er sieht in einem Geschäftsmodell die Abbildung des betrieblichen Produktions- und Leistungssystems einer Unternehmung. „Durch ein Geschäftsmodell wird in einer stark vereinfachter und

---

237 Krüger/Bach, 2001, S. 31.
238 Timmers, 1998, S. 4.
239 Bieger et al., 2002, S. 4.
240 Vgl. Ebenda, S. 4.
241 Fantapié Altobelli, 2002, S. 12.
242 Rappa, 2002.

aggregierter Form abgebildet, welche Ressourcen in eine Unternehmung fließen und wie diese durch den innerbetrieblichen Leistungserstellungsprozess in vermarktungsfähige Informationen, Produkte und/oder Dienstleistungen transformiert werden".[243] Dabei liegt die wesentliche Intention, die mit einer Geschäftsmodellabbildung verfolgt wird, laut Wirtz darin, relevante Aspekte aus den betriebswirtschaftlichen Teildisziplinen zu aggregieren, um so einen komprimierten Überblick über die Geschäftsaktivitäten in Modellform zu erhalten. Zudem hilft das Denken in Geschäftsmodellen insbesondere beim Markteintritt in neue Geschäftsfelder der gesamthaften Ideen- und Konzeptfindung sowie deren Überprüfung.[244] Wirtz untergliedert das Geschäftsmodell weiterhin in sechs Partialmodelle, wie in folgender Abbildung ersichtlich.

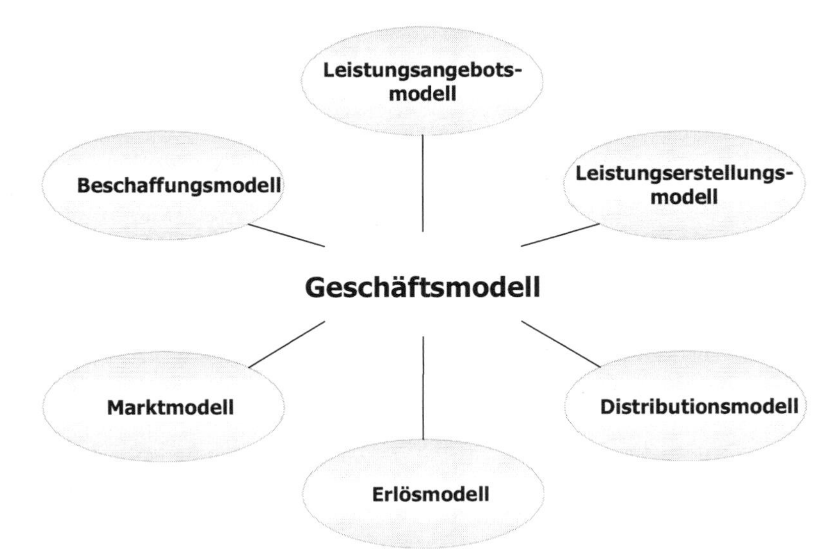

Abb. 6: Partialmodelle des Geschäftsmodells nach Wirtz [245]

Dabei konkretisiert Wirtz die Partialmodelle wie folgt:

> *„Das Marktmodell beschreibt die Märkte, auf denen die Internet- und Multimediaunternehmen agieren. Dabei sind vor allem die Akteure und die Struktur sowohl der Anbieter- als auch Nachfragermärkte relevant. Mit Hilfe des Beschaffungsmodells werden die Produktionsfaktoren sowie deren Lieferanten oder potentielle Kooperationspartner dargestellt. Das Leistungserstellungsmodell bildet die*

243 Wirtz, 2000b, S. 44.
244 Vgl. Ebenda, S. 44 f.
245 In Anlehnung an Wirtz, 2001, S. 51.

Kombination von Produkten und Dienstleistungen sowie deren Transformation in Angebotsleistungen ab. Mit dem Leistungsangebotsmodell wird aufgezeigt, welches Leistungsspektrum welchen Nachfragergruppen angeboten wird. Das Distributionsmodell gibt Auskunft, über die Art und Weise, wie die Medienprodukte zum Nachfrager gelangen. Das Kapitalmodell (auch „Erlösmodell" genannt, A.d.V.) schließlich stellt die Zuführung finanzieller Ressourcen in die Unternehmung dar".[246]

4.3 Eingrenzung des Untersuchungsgegenstandes und Erläuterung der Vorgehensweise

Wie bereits erwähnt, steht in der vorliegenden Arbeit die Frage nach den möglichen Geschäftsmodellen für die Online-Angebote von Tageszeitungsverlagen im Internet im Mittelpunkt. Es geht also um die Frage, welches Leistungsspektrum welchen Nachfragergruppen im Internet zum Zweck der Erlösgenerierung angeboten werden kann. Aus diesem Grund basiert die folgende Untersuchung auf dem Erlösmodell sowie auf dem Leistungsangebotsmodell. Letzteres wird nach der gemeinhin üblichen Einteilung von Geschäftsbeziehungen und Marktteilnehmern in Unternehmen und Endverbraucher („Bussiness-to-Consumer" / „B-to-C") und Geschäftskunden („Business-to-Business" / „B-to-B") weiter untergliedert.[247] Abschließend wird noch auf die Potenziale von Kooperationen, die sich gerade im Internet zur Stärkung der Wettbewerbsposition für Tageszeitungsverlage anbieten, eingegangen. Da das Leistungsangebots- sowie das Erlösmodell als Grundlage für die folgende Diskussion dienen, werden diese Modelle in den folgenden zwei Abschnitten zunächst eingehender dargestellt.

4.3.1 Leistungsangebotsmodell für Online-Angebote

Anhand des Abgrenzungskriteriums „Leistungsangebot" lassen sich laut Wirtz alle der im Internet verfolgten Geschäftsmodelle vier idealtypischen Modellen zuordnen. In der unternehmerischen Praxis können Überschneidungen zwischen den einzelnen Typen auftreten.

---

246 Wirtz, 2001, S. 409 f.

247 Neben den beiden genannten Geschäftsbeziehungen existiert darüber hinaus eine weitere Ausprägung, welche die Transaktionen zwischen Unternehmen und staatlichen Behörden umfasst („Business-to-Administration" / „B-to-A"). Diese wird hier jedoch nicht weiter berücksichtigt.

Geschäftsmodell: „Content"
Sammlung, Selektion, Systematisierung, Packaging und Bereitstellung von Inhalten

Geschäftsmodell: „Commerce"
Anbahnung, Aushandlung und/oder Abwicklung von Geschäftstransaktionen

Geschäftsmodell: „Context"
Klassifikation und Systematisierung von im Internet verfügbaren Inhalten

Geschäftsmodell: „Connection"
Herstellung der Möglichkeit eines Informationsaustausches in Netzwerken

Abb. 7: Basismodelltypologie im Internet nach Wirtz [248]

Für Dutta stellt dabei die Generierung und Verbreitung von „Content" das traditionelle Kerngeschäft von Tageszeitungen dar, deshalb würden die Verlage das Internet als Vertriebskanal primär für diesen Zweck betrachten.[249] Diese Auffassung teilt auch Fantapié Altobelli. Sie weist zudem darauf hin, dass Medienunternehmen prinzipiell alle der dargestellten idealtypischen Geschäftsmodelle für ihr Online-Angebot zur Verfügung stehen. Das Basismodell „Content" stelle für alle Medienunternehmen im Online-Bereich in jedem Fall das Kerngeschäft dar. Es könne in nahezu beliebiger Weise mit den anderen Modellen kombiniert werden.[250]

4.3.2 Erlösmodell für Online-Angebote

Bei der Systematisierung möglicher Erlösformen für Tageszeitungen im Internet sind direkte und indirekte Erlöse zu unterscheiden.[251] Bei der direkten Variante werden die Erlöse unmittelbar vom Nutzer einer Leistung bezogen, also von privaten Nutzern und von Firmenkunden. Die indirekte Erlösgenerierung basiert überwiegend auf den Geschäftsbeziehungen zu Unternehmen, „die ein irgendwie geartetes Interesse daran haben, dass der Konsument die Medien- und Kommunikations-Leistung nutzt".[252]

---

248 Wirtz, 2001, S. 412.
249 Vgl. Dutta, 2002, S.142.
250 Vgl. Fantapié Altobelli, 2002, S. 13.
251 Vgl. Zerdick et al., 1999, S. 25.
252 Ebenda, S. 26.

Erlösmodell		
Direkte Erlösgenerierung private Nutzer („Business-to-Consumer“) und Firmenkunden (“Business-to-Business”)		**Indirekte Erlösgenerierung Unternehmen („Business-to-Business“)**
Transaktionsabhängig („nutzungsabhängig“)	**Transaktionsunabhängig („nutzungsunabhängig“)**	
▪ Transaktionserlöse - Verbindungsgebühren - Nutzungsgebühren (Bsp.: Nach Leistungsmenge: „Pay per document“, „Pay per View“ nach Leistungsdauer: „Pay per hour“)	▪ Einmalig: Einrichtungsgebühren ▪ Regelmäßig wiederkehrend: Grundgebühren (Bsp.: Abonnement , „Pay per Period“)	▪ Online-Werbung ▪ Sponsoring ▪ Provision ▪ Datamining ▪ Content Syndication / Lizenzeinnahmen

Tab. 5: Erlösmodell für Online-Angebote [253]

Unter die indirekte Erlösvariante können aus Sicht der Tageszeitungsverlage in erster Linie werbetreibende Unternehmen eingeordnet werden, die an Werbeschaltungen in Online-Angeboten mit möglichst hohen Kundenkontakten oder auch spezifischer Zielgruppenabdeckung interessiert sind.[254] Provisionen ergeben sich zum Beispiel aus dem Weiterleiten von Nutzern auf die Seiten von dritten Anbietern. Beim Sponsorship werden auf dem Online-Angebot für einen festgelegten Zeitraum einzelne Themensektionen oder auch Chaträume als exklusives Werbeumfeld angeboten.[255] Weiterhin lassen sich Erlöse aus der Vermittlung von detaillierten Informationen über Nutzer erzielen, durch das sog. Datamining („Datenmustererkennung“). Unter Datamining wird generell die Aufbereitung von gewonnenen Daten zu Wissen verstanden, die durch Nutzertransaktionen jedweder Art anfallen.[256] Datamining basiert auf der computergestützten Analyse von großen, strukturierten Datenbeständen.[257] Im Internet können nutzungsbezogene Daten erfasst, gespeichert und für kommerzielle Zwecke ausgewertet werden. Dazu gehören PageViews pro Zeiteinheit, die Herkunfts-Domain, das Betriebssystem, der benutzte Browser sowie werbemittelbezogene Daten (“Click-Through-Rates”) oder auch personenbezogene Daten (sog. „ZAG-Daten“: Zip Code [Postleitzahl], Age [Alter], Gender [Geschlecht]).[258] Ferner fällt unter die indirekte

253 In Anlehnung an Zerdick et al., 1999, S. 25; Wirtz, 2001, S. 410. Zu den indirekten Erlösen werden auch staatliche Zuwendungen (Subventionen) gerechnet, die hier allerdings keine Berücksichtigung erfahren.
254 Vgl. Böning-Spohr/Hess, 2002.
255 Vgl. Zerdick et al., 2001, S. 168.
256 Vgl. Laube, H., 1998, S. 80 ff.
257 Vgl. Bissantz/Hagedorn, 2001, S. 130.
258 Vgl. Zerdick et al., 2001, S. 170.

Erlösgenerierung auch das sog. „Content Syndication“. Darunter versteht man die Vermittlung und den Verkauf von Lizenzrechten an digitalen Inhalten an andere Online-Anbieter.

Die direkten Erlöse können unabhängig von der tatsächlichen Inanspruchnahme des Online-Angebotes, beispielsweise in Form einer (wiederkehrenden) Pauschale für eine Subskription (Abonnement) oder abhängig von der Leistungsinanspruchnahme anfallen. Das zur nutzungsunabhängigen Erlösform zählende Abonnement kann sich entweder ausschließlich auf das Online-Angebot beziehen oder klassische Medienprodukte im Rahmen eines Kontextangebotes einbeziehen. Erlösformen in Abhängigkeit von der Leistungsinanspruchnahme können nach Leistungsmenge (z.B. für einzelne Dokumente, Artikel, Down-load-Files) oder nach Leistungsdauer, d.h. für die zeitliche Inanspruchnahme des Angebotes, gestaltet werden.[259] „In praxi werden Unternehmen – gerade in der New Economy – nur selten eine (einzige) Ertragsquelle besitzen“.[260] Es kann also davon ausgegangen werden, dass die Bedeutung der dargestellten Erlösformen in der Praxis variiert und dass sie auf vielfältige Art und Weise kombiniert werden.

4.4 Mögliche Geschäftsmodelle für das Online-Angebot im „B-to-C“-Markt

4.4.1 Geschäftsmodell „Content“

Wie bereits dargestellt, können die Online-Angebote der Tageszeitungsverlage im Internet per definitionem dem Geschäftsmodell „Content“ zugeordnet werden. Es entspricht einer Übertragung ihrer bisherigen Geschäftstätigkeit in den Online-Markt. Aus diesem Grund wird das Geschäftsmodell „Content“ im Folgenden ausführlich dargestellt, doch zuvor gilt es zu klären, was „Content“ eigentlich bedeutet.

Es gibt keine einheitliche Definition von „Content“. Zumeist hängt ein Definitionsversuch von der jeweiligen Perspektive ab. Technisch kann es sich um Daten jeglicher Art, also auch um den Inhalt von Datenbanken oder um Software handeln. Aus der Sicht der Nutzer steht „Content“ eher für die klassischen und gewohnten Medienformate wie Text, Audio, Grafik und Video. Journalisten würden den Begriff wahrscheinlich weiter eingrenzen und von „redaktionell bearbeiteten Inhalten“ sprechen. Auch Franzmann schließt sich dieser Auffassung an. Für ihn werden redaktionelle

259 Böning-Spohr/Hess, 2002.
260 Zu Knyphausen-Aufseß/Meinhardt, 2001, S. 76.

Inhalte im Umfeld neuer Medien zu „Content“. Gemeint sei damit ein auf die neuen Medien optimal abgestimmter Medieninhalt.[261] In Anlehnung an eine engere Auslegung des Begriffs, wird in dieser Arbeit unter „Content“ jedwede Art von redaktionell bearbeiteten Inhalten, die den Nutzern zur Ansicht, Be- oder Verarbeitung auf Web-Seiten zur Verfügung gestellt werden verstanden. So zum Beispiel Nachrichtenartikel, Börsenkurse, Produktinformationen, Rezensionen oder auch Ton- und Video-aufnahmen.

Dabei besteht das Geschäftsmodell „Content“ aus der „Sammlung, Selektion, Systematisierung, Kompilierung (Packaging) und Bereitstellung von Inhalten auf einer eigenen Plattform. Ziel dieses Geschäftsmodellansatzes ist es, den Nutzern Inhalte einfach, bequem, visuell ansprechend aufbereitet und online zugänglich zu machen“.[262]

Tageszeitungsverlage veröffentlichen in ihren Online-Angeboten vornehmlich einen Ausschnitt aus den aktuellen Druckexemplaren sowie zusätzliche, exklusiv erstellte Online-Beiträge und Archive. Neben diesen Inhalten finden sich zunehmend Unterhaltungs- und Service-Angebote (etwa Spiele, Preisvergleiche, Veranstaltungskalender etc.), um die Nutzer anzuziehen und an das eigene Online-Angebot zu binden.[263]

4.4.1.1 Erlösgenerierung durch das Geschäftsmodell „Content“

Die Einnahmequellen beim Geschäftsmodell „Content“ sind grundsätzlich vergleichbar „mit den aus dem traditionellen Printgeschäft bekannten Vertriebseinnahmen“.[264] Jedoch stellt sich die direkte Erlösgenerierung durch „Content“-Angebote, beispielsweise ein Online-Abonnement oder transaktionsabhängige Online-Archivzugriffe, wie in Abschnitt 2.3.3.2 dargestellt, als äußerst schwierig dar. Dies ist vor allem darauf zurückzuführen, dass redaktionellen Inhalten im Internet laut Wirtz oft die Eigenschaft eines „öffentlichen Gutes“ zugesprochen wird. In Verbindung mit den Charakteristika des Internet, wie der Ubiquität von Informationen und einer Vernachlässigbarkeit von Vervielfältigungs- und Distributionskosten, führe dies insbesondere bei privaten Nutzern zu einer geringen Zahlungsbereitschaft für die angebotenen Inhalte.[265] So wird das Geschäftsmodell „Content“ derzeit in der Branche überwiegend indirekt durch das Geschäftsmodell „Commerce“ „querfinanziert“ (siehe hierzu Abschnitt 4.4.3).

---

261 Vgl. Franzmann, 2001, S. 61.

262 Wirtz, 2001, S. 413. Das „Packaging“ umfasst neben der gegebenenfalls erforderlichen Digitalisierung der Inhalte vor allen Dingen deren Zusammenstellung, Editierung sowie das Festlegen von Layout und Design. (vgl. Brenner/ Zarnekow, 1999, S. 40).

263 Vgl. Fantapié Altobelli, 2002, S. 10.

264 Pieler, 2002, S. 146.

265 Vgl. Wirtz, 2001, S. 415.

In der Literatur wird im Zusammenhang mit dieser Problematik immer wieder auf das Prinzip des „Premium Content" verwiesen, der „einen besonderen Wert" für eine Zielgruppe haben müsse und für den dadurch eine hohe Zahlungsbereitschaft gegeben wäre. Leider lässt sich daraus noch keine konkrete Gestaltungsanweisung ableiten. Laut Riefler hängt das Erlöspotenzial redaktioneller Inhalte zunächst grundsätzlich davon ab, wie interessant die Information für eine Zielgruppe zu einem bestimmten Zeitpunkt ist und mit welchem Aufwand diese anderweitig zu beschaffen wäre. Dabei stellt sie folgende Faustregel auf: je klarer (und größer) die Zielgruppe, je größer ihr Informationsbedarf und je exklusiver der Inhalt, desto höher wird das Erlöspotenzial.[266]

Diese Voraussetzung erfüllt der „General-Interest-Inhalt", wie ihn die Tageszeitungsverlage anbieten, allenfalls für die exklusive lokale bzw. regionale Berichterstattung. Für die darüber hinausgehende Berichterstattung existieren in der fast „unendlichen Weite" des Internet eine Vielzahl von Anbietern, die ähnliche Informationen kostenlos zur Verfügung stellen und darüber hinaus nur einen „Mausclik" entfernt sind.[267]

Dennoch sind in der Tageszeitungsbranche erste Schritte in die Richtung der direkten Erlösgenerierung durch die Nutzer zu beobachten. So finden Experimente mit kompletten Online-Angeboten, die nur für Abonnenten mit Passwort zugänglich sind, statt. Beispielsweise lässt die Tageszeitung „Main-Echo" („main-echo.de") erstmalig den Zugang zum gesamten Online-Angebot nur gegen Abonnentengebühren zu. Weiterhin wird mit kostenpflichtigen „Premium-Angeboten" experimentiert, die das frei zugängliche Basisangebot ergänzen.[268]

Diesen Weg schlägt beispielsweise die Online-Ausgabe der „Bild"-Zeitung („bild.de") ein. Für monatlich 3,75 € erhält ein Nutzer Zugang zu „exklusiven VIP-Diensten" des Online-Angebotes. So zahlt ein Nutzer in diesem Fall auch weniger für neuen, vorher nicht zugänglich gewesenen „Content", als vielmehr für Extras wie beispielsweise Sonderkonditionen bei der Autovermietung „AVIS", einen Preisnachlass des „Last-Minute"-Veranstalters „L'TUR", ein Gratis-Abonnement der „Maxim" (einem „Life-Style-Magazin") oder eine kostenlose Online-Rechtsberatung. Und es wäre wohl nicht die „Bild"-Zeitung, wenn nicht auch die Damen von Seite 1 exklusiv für VIP-Mitglieder ihre Hüllen noch weitergehender fallen lassen würden. Es gibt ferner eine Entwicklung hin zu „Content", der per „Micropayment" bei Bedarf transaktionsabhängig erworben werden kann. Dies ist insbesondere der Fall im Archiv-Bereich. Hier lässt sich beispielsweise die „Frankfurter Allgemeine Zeitung" („faz.net") nennen, die für jeden abgerufenen Artikel im Volltext je nach Zeittarif („Freizeit" oder „Normal") zwischen 0,75 und 1,50 € berechnet. Aufbauend auf dem Instrument des

266 Vgl. Riefler, 2001b, S. 197.
267 Vgl. Outing, 2000, S. 25 f.
268 Vgl. Riefler, 2002, S. 174.

„Versioning“ (in diesem Fall die Differenzierung des Angebotes in „Aktualität“ und „Dauer der Verfügbarkeit von Informationen“) bietet beispielsweise die „Frankfurter Rundschau“ („fr-aktuell.de“) die Archivartikel der letzten 14 Tage kostenlos an; den Abruf von älteren Artikeln hingegen in Kooperation mit der Genios-Wirtschaftsdatenbank oder auch der „GBI-Contenmachine“ nur kostenpflichtig.

In der kostenpflichtigen Testphase befinden sich derzeit auch komplette elektronische Zeitungsausgaben in printähnlicher Aufmachung („e-paper“), die entweder „online“ gelesen oder auch ausgedruckt werden können (Bsp.: „Rhein-Zeitung“ / „rhein-zeitung.de“).[269] Die Tageszeitung „taz“ folgt dem Trend hingegen auf ihre ganz eigene Weise: „Was ist Ihnen die Internet-Ausgabe der 'taz' wert?“, fragt sie jeden Nutzer am Ende eines Artikels auf ihrem Online-Angebot – und bittet um eine Überweisung auf das Verlagskonto.[270]

4.4.1.2 Direkte Erlösmöglichkeiten durch das mobile Internet

Ein weiteres Potenzial in der direkten Erlösgenerierung durch die Nutzer im Geschäftsmodell „Content“ könnte sich in Zukunft aus der bereits stattfindenden Entwicklung in Richtung „mobiles Internet“ ergeben. Denn parallel zur zunehmenden globalen Vernetzung durch das Internet ist eine weitere Schlüsseltechnologie, im Zuge einer in der Wirtschaftsgeschichte nahezu beispiellos schnellen Marktdurchdringung, zur Alltagstechnik geworden: die Mobilfunktechnologie. Bis 2010 soll es allein in Europa 260 Mio. Mobiltelefonnutzer geben.[271] Auf der Basis des „Wireless Application Protocol“ (WAP) lassen sich Internet- und Mobilfunktechnologie miteinander verbinden. Dem stationären, PC-gebundenen Zugriff auf das Internet ist das „mobile Internet“ gefolgt. WAP stellt dabei nach Schreiber eine „Lightversion“ des Internet dar, ein WWW für unterwegs, durch das sich kurze aktuelle Nachrichtbeiträge, Börsenkurse oder auch Verkehrsberichte auf das ständig verfügbare Handy übertragen lassen.[272]

Durch eine mobilfunktaugliche Aufbereitung von „Content“, haben einige Tageszeitungsverlage dieser Entwicklung zwischenzeitlich bereits Rechung getragen.[273] Beispielsweise bietet die „Financial Times Deutschland“ auf ihrem Online-Angebot („ftd.de“) „Mobile Content“ an. Unter dem Slogan „wichtige Nachrichten finden immer einen Weg“ können Mobilfunknutzer aus zum Teil kostenpflichtigen Angeboten wie einem WAP-Angebot mit den wichtigsten Nachrichten und Börsenindizes, der Nach-

269 Vgl. Ebenda, S. 174.
270 Vgl. Hornig/Jakobs/Rosenbach, 2001, S. 104.
271 Vgl. Schreiber, 2000, S. 20 f.
272 Vgl. Ebenda, S. 22 f.
273 Sjurts, 2002, S. 10.

richtenzustellung per SMS, oder auch dem Angebot des Abhörens von Audiobeiträgen auswählen.

Allerdings ist das Geschäftsfeld der Mobilfunkkommunikation aufgrund der derzeit begrenzten technischen Möglichkeiten bei der Datenübertragung sowie bei der Darstellung von Inhalten für Medienunternehmen noch von untergeordnetem Interesse.[274] In Kürze wird jedoch der Mobilfunkstandard der dritten Generation in Europa, der Breitbanddienst UMTS, erwartet, durch den sich ganz neue multimediale Nutzungsmöglichkeiten für mobile Endgeräte ergeben. Durch UMTS werden Übertragungsraten von bis zu zwei Megabit pro Sekunde erwartet, wodurch die technischen Potenziale des Internet auf einem handlichen und überall verfügbaren Mobilfunkgerät realisierbar werden. Dieser integrierende Dienst wird als der eigentliche Motor der Etablierung eines mobilen Massenmarktes gesehen, der gerade auch für Tageszeitungsverlage interessant werden wird; denn die Zukunft dieses Marktes sei „mobil und lokal", der Bedarf an ortsbezogenen Inhalten also vorhanden.[275] Zudem sind die Nutzer des Mobilfunks daran gewöhnt, für in Anspruch genommene Dienste und Inhalte ein Entgelt zu entrichten.

Für Tageszeitungsverlage bieten sich „Location based Services" (standortabhängige Dienste) an, das heißt Dienste und Informationen, die auf den aktuellen Aufenthaltsort des Mobilfunknutzers bezogen sind – wie etwa Restaurant-/Hotelführer, die Tarife der nächstgelegen Tankstelle, City Guides, Veranstaltungshinweise und Routenplaner.[276]

Gegen eine zu große Euphorie in der Branche spricht allerdings, dass laut einer Studie des Marktforschungsinstituts NFO Infratest erst in den Jahren 2007/2008 damit zu rechnen ist, dass rund ein Drittel der deutschen Bevölkerung zu den UMTS-Nutzern zählen werden.[277]

4.4.1.3 Ausblick für das Kerngeschäft

In das Kerngeschäft „Content" kommt, wenn auch langfristig gesehen, Bewegung. Marktforschungsinstitute prognostizieren eine leicht steigende Zahlungsbereitschaft der Nutzer. Laut Aussagen der Allensbacher Computer- und Telekommunikations-Analyse „ACTA 2002", sind 64% der 14-64-Jährigen Online-Nutzer derzeit prinzipiell bereit, für Informationsangebote zu bezahlen.[278] Einer weiteren Umfrage des Marktforschungs-

274 Vgl. Ebenda, S. 10. Riefler spricht hier auch von einem „relativen Flop" der WAP-Angebote (vgl. Riefler, 2002, S. 187).
275 Vgl. BDZV, 2002b.
276 Vgl. Deininger, 2002, S. 16.
277 Vgl. o.V., 2002d, S. 62.
278 Vgl. Henze, 2002a.

instituts Emnid im Februar 2002 zufolge können die Tageszeitungen, neben den Anbietern von Erotikseiten, durch das Anbieten von informativen Angeboten dabei am ehesten mit zahlungsbereiten Nutzern rechnen.[279] Deshalb würden in der Branche laut Riefler gegenwärtig Modelle für kostenpflichtigen „Content" in einem nie zuvor dagewesenen Ausmaß erprobt, und in fast jedem Zeitungshaus bestehe zumindest eine Arbeitsgruppe, die zu prüfen hat, welche Inhalte mit vertretbarem Aufwand kostenpflichtig angeboten werden könnten.[280]

Doch selbst wenn sich die Nutzer zunehmend zahlungsbereit zeigen, und sich darüber hinaus ein akzeptiertes „Micropayment"-System zur Abrechnung von Kleinstbeträgen im Internet (Bsp.: „Pay-per-click") etablieren würde, wäre es ein langer Weg, bis die Tageszeitungsverlage mit ihren redaktionellen Inhalten Gewinne machen könnten. So gehen selbst die Optimisten der Branche davon aus, dass man nur für rund 20% der Inhalte ein Entgelt verlangen kann.[281] Bereits heute ersichtlich ist, dass sich kostenpflichtige Inhalte wohl kaum zur alleinigen „Cash-Cow"[282] der Online-Angebote entwickeln werden.[283] Diese Auffassung teilt auch der Präsident des Bundesverbandes Deutscher Zeitungsverleger e.V. Heinen. Er ist der Ansicht, dass auch eine Einbeziehung von Bezahlinhalten zukünftig nicht ausreichen wird, um die Ausgaben für die Online-Angebote zu decken.[284]

Tageszeitungsverlage tun also gut daran, nach weiteren Erlösquellen außerhalb ihres eigentlichen Online-Kerngeschäftes zu suchen. In den folgenden Abschnitten werden die drei weiteren idealtypischen Geschäftsmodelle im „Business-to-Consumer"-Markt dahingehend untersucht, welche Möglichkeiten sie zur besseren Nutzung des Online-Potenzials beinhalten, ob sie sich für eine Übernahme durch Tageszeitungsverlage eignen und inwieweit sie bereits von ihnen verfolgt werden.

---

279 Vgl. Helmreich, 2002.
280 Vgl. Riefler, 2002, S. 174.
281 Vgl. Eckert, 2002, S. 29.
282 Der Begriff „Cash Cow" geht auf die Portfolio-Analyse, einem Instrument der strategischen Unternehmensplanung, entwickelt von der „Boston Consulting Group", zurück. Sie fasst ein Unternehmen als eine Gesamtheit sog. „Strategischer Geschäftseinheiten" (SGE) auf, um diese in einer Matrix zu positionieren und daraus die Stärken und Schwächen der SGE feststellen zu können. Die SGE „Cash Cow" verfügt dabei u.a. über einen hohen Marktanteil und benötigt wenig Investitionen, so dass die Gewinne „abgeschöpft" werden können.
283 Vgl. Riefler, 2002, S. 175.
284 Vgl. Röper, 2002b, S. 480.

4.4.2 Geschäftsmodell „Context“

Das Internet verfügt weder über hierarchische noch zentrale Organisationsstrukturen. So sind die Nutzer auch zwingend auf Navigationshilfen angewiesen, um die neuen relevanten Informationen im Internet aufzufinden.[285]

Auf diesem Sachverhalt basiert das Geschäftsmodell „Context“. Hier werden primär keine eigenen Inhalte erstellt, sondern es werden Navigationshilfen, die zu den bereits existierenden Informationen im Internet führen, bereitgestellt. „Context“-Angebote klassifizieren und systematisieren elektronische Informationen, mit dem Ziel einer Erhöhung der Markttransparenz (Komplexitätsreduktion) sowie einer verbesserten Orientierung für die Nutzer, indem sie die im Internet zur Verfügung gestellten Informationen nach Vorgaben durchsuchen und filtern.[286] Unter dieses Geschäftsmodell fallen beispielsweise die (Meta-) Suchmaschinen („Metacrawler“, „Altavista“, „Google“, „AskJeeves“ etc.) sowie die Internetportale (Bsp. „Yahoo“) oder auch die intelligenten Agenten (Bsp.: „MySimon“)[287], die einen Nutzer entsprechend seiner Interessen zu Angeboten und Informationen im Internet führen.

Bei Context-Anbietern dominieren die indirekten Erlösmodellvarianten, also hauptsächlich Werbeeinnahmen sowie Provisionen von Kooperationspartnern. Dieses Geschäftsmodell ist sehr erfolgreich aufgrund der ständig steigenden Informationsflut[288] im Internet, welche zu einer Desorientierung und zu einer kognitiven Überlastung der Nutzer (auch das „Lost-in-Hyperspace“-Phänomen“[289] genannt) führt. Bei einer Umfrage im Herbst 2000 gaben 67,6% der Nutzer an, regelmäßig die Navigationshilfen aufzusuchen. Letztere rangieren damit mit weitem Vorsprung vor den anderen Online-Angeboten.[290] Der hohe Nutzwert dieses Geschäftsmodells ist evident, denn ohne diese Navigationshilfen bleibt das „unermessliche Archiv“ Internet entweder nur partiell oder extrem zeitraubend zugänglich.[291]

Um eine Aussage treffen zu können, inwieweit sich die Tageszeitungsverlage das Geschäftsmodell „Context“ zu Eigen machen, wurden anhand der 401 beim Verband Deutscher Zeitungsverleger e.V. gemeldeten Online-Angebote (Stand: August 2002) je-

---

285 Vgl. Schumann/Hess, 1999, S. 11.

286 Vgl. Wirtz, 2001, S. 427.

287 Vgl. Fantapié Altobelli, 2002, S. 14. Intelligente Agenten bezeichnen u. a. Softwareeinheiten, die Operationen im Auftrag eines Anwenders bzw. anderen Programms mit einem bestimmten Grad an Autonomie ausführen.

288 „Google“ sucht beispielsweise weltweit auf über 2,4 Milliarden Web-Seiten und beantwortet mehr als 100 Millionen Anfragen pro Tag. (vgl. Google, 2002.)

289 Vgl. Conklin, 1987, S. 17 ff.

290 Vgl. Fittkau, 2002, S. 96.

291 Vgl. Oppermann, 2002, S. 63.

weils die Eingangsseiten untersucht. Das Ergebnis: 55 Onlineangebote bieten keinerlei Suchfunktionen für den Nutzer an (d.h. die Nutzer müssen sich zu den gewünschten Informationen manuell „durch-cliken"). 322 Angebote bieten Suchfunktionen ausschließlich innerhalb ihres eigenen Angebotes an, zum Beispiel für ihr Archiv, für ihren Online-Rubrikenmarkt oder für ihre Veranstaltungshinweise. Darüber hinaus bieten 24 Online-Angebote von Tageszeitungsverlagen erweiterte Suchfunktionen für das gesamte Internet, allerdings erfolgt dies in Kooperation mit etablierten Suchmaschinen wie beispielsweise „Google".

Navigationshilfen und Suchfunktionen dienen den Tageszeitungsverlagen als ein zusätzlicher Service, um ihre Internet-Auftritte abrunden und den Nutzern schnell und bequem die Informationssuche insbesondere innerhalb des eigenen Angebotes zu ermöglichen. Riefler weist zudem darauf hin, dass die bereits im Jahre 1999 angestoßene Initiative einiger Tageszeitungsverlage, eine eigene Suchmaschine (Arbeitstitel „GET.ZET") zu erstellen, bis heute noch nicht verwirklicht werden konnte.[292] Das lässt den Rückschluss zu, dass das Geschäftsmodell „Context" von den Tageszeitungsverlagen im Hinblick auf das Generieren von Erlösen nicht verfolgt wird. Es wäre für sie auch sehr schwierig, sich in diesem Markt erfolgreich zu positionieren, da diesem Geschäftsmodell in einer Branchenstrukturanalyse von Schumann/Hess im Jahre 2002 bereits eine hohe Wettbewerbsintensität bescheinigt wird.[293] Aus diesem Grund soll das Geschäftsmodell „Context" hinsichtlich der Frage nach Erlösgenerierung im folgenden keine weitere Berücksichtigung finden.

4.4.3 Geschäftsmodell „Commerce"

„Das Geschäftsmodell ‚Commerce' umfasst die Anbahnung, Aushandlung und/oder Abwicklung von Geschäftstransaktionen. Ziel ist die Unterstützung, Ergänzung bzw. vollständige Substitution von traditionellen Phasen einer Transaktion durch die Abbildung von Geschäftsprozessen im Internet".[294] Die Online-Angebote der Tageszeitungsverlage werden – so lange die Nutzer nicht bereit sind für redaktionelle Inhalte zu bezahlen – derzeit überwiegend durch dieses Geschäftsmodell mitfinanziert.

4.4.3.1 Online-Werbung

Das Geschäftsmodell „Commerce" ist für Tageszeitungsverlage nichts wirklich Neues, da sie in ihrem traditionellen Markt in ihrer Funktion als Informations- und Werbeträger bereits als Intermediär bei der „Anbahnung" von Transaktionen mitwirken. So besteht

292 Vgl. Riefler, 2001a, S. 88.
293 Vgl. Schumann/Hess, 2002, S. 34 ff.
294 Wirtz, 2001, S. 420.

die einfachste Form der Verzahnung von Online-Angeboten der Tageszeitungsverlage mit dem Geschäftsmodell „Commerce" laut Ziegler/Becker auch in der Integration von Online-Werbung.[295] Beispielsweise kann dies durch eine Bannerschaltung erfolgen, durch die ein Nutzer – auf Wunsch – zu den Online-Angeboten der Werbetreibenden weitergeleitet wird. Der weiterleitende Tageszeitungsverlag hat hier die Mittlerrolle zwischen Anbieter und Nachfrager und vermindert beidseitig Transaktionskosten, da der Geschäftsanbahnungsprozess vereinfacht wird.

Je genauer es den Tageszeitungen gelingt, mit der Auswahl ihrer Inhalte eine homogene und zugleich attraktive Zielgruppe für die werbetreibenden Unternehmen zu erreichen, desto höhere Erlöse können sie für Kundenkontakte erzielen.[296] Deshalb sind einige Tageszeitungsverlage dazu übergegangen, redaktionelle Inhalte zielgruppengerecht mit Online-Werbung in Bezug zu setzen. Dies geschieht beispielsweise durch Produktbesprechungen (Bücherrezensionen, Reisetipps, Versicherungsvergleiche etc.), die interessierte Nutzer, mittels einer Online-Werbung in unmittelbarer Nähe des redaktionellen Inhalts, mit den spezifischen Werbetreibenden verbindet.

Beim Modell „Commerce" werden die Erlöse durch Online-Werbung indirekt generiert, etwa durch eine Pauschalabrechnung (transaktionsunabhängig), wobei diese Variante auf die Anfangszeit der Bannerwerbung zurückgeht, als die detaillierte Protokollierung von einzelnen Seitenaufrufen technisch noch sehr aufwendig war. Die der Pauschalabrechnung zugrunde liegende Leistung beinhaltet die zeitlich begrenzte Einblendung eines Werbeelementes gegen eine zuvor festgelegte Gebühr. Als Werbezeitraum sind entweder Wochen oder auch Monate üblich.[297]

Die zweite Alternative ist eine erfolgsbasierte (transaktionsabhängige) Erlösgenerierung. Die Abrechnung erfolgt entweder nach Anzahl der erfolgten Abrufe (Page-Impressions / ADImpressions) oder auf Basis der Weiterleitung von Nutzern (AD-clicks). Letzteres wird von den Werbekunden favorisiert, da sie doch nur zahlungspflichtig sind, wenn die Nutzer zu ihren Web-Seiten geführt werden. Bei der Abrechnung „Cost per Lead" (Kosten pro generierter / qualifizierter Adresse) erhält ein Werbeträger dann eine Vergütung, wenn der Nutzer sich identifiziert, also beispielsweise an einem Gewinnspiel oder an einer Umfrage teilnimmt. Durch eine Aufbreitung dieser Kontakte sollen nachfolgend Kundenbeziehungen aufgebaut werden. „Cost per Order" (CPO) bezeichnet ein weiteres erfolgsbasiertes Prinzip ist das. Dieses beinhaltet zwei Varianten. Bei der ersten Variante wird ein Pauschalbetrag pro erfolgter Bestellung vergütet. Bei der klassischen Provisionsabrechnung hingegen erhält der Werbeträger einen prozentualen

---

295 Vgl. Ziegler/Becker, 2000, S.168.
296 Vgl. Detering, 1999, S. 62.
297 Vgl. Stolpmann, 2001, S. 260.

Anteil an den gesamten Umsätzen, die aufgrund der Weiterleitung über das werbeführende Element generiert wurden.[298]

Im Jahr 2001 betrugen die Provisionen je nach Umsatzvolumen und Verhandlungsgeschick zwischen fünf und zwanzig Prozent.[299]

4.4.3.2 Online-Shop

Eine Intensivierung des Geschäftsmodells "Commerce" stellt laut Ziegler/Becker das Anbieten eines eigenen Online-Shops dar.[300] Der Online-Shop beinhaltet den Vertrieb von Waren oder auch Dienstleistungen auf der Basis eines Online-Kataloges.[301] Gewerbliche und private Nutzer sind zunehmend bereit, Geschäftstransaktionen über das Internet abzuwickeln.

Fast jeder zweite der 14- bis 69-Jährigen in Deutschland hat bereits schon einmal Waren im Internet gekauft bzw. Dienstleistungen gebucht.[302] Dabei wird der Kauf von Büchern, CD-Roms, Bahn- und Flugtickets sowie Hard- und Software von den Nutzern favorisiert.[303] An dem Marktpotenzial, welches das Internet noch birgt, können nun auch die Tageszeitungsverlage partizipieren. Durch einen eigenen Online-Shop ist der Tageszeitungsverlag nicht nur bei der Anbahnung einer Transaktion tätig, sondern er wickelt diese vollständig ab. Er übernimmt hier die Funktion eines Händlers, der Produkte von Herstellern erworben hat und an Konsumenten weiterveräußert.

So betreiben die „Frankfurter Allgemeine" („faz.net") oder auch die „Die Tageszeitung" („taz.de") eigene Shops auf ihren Online-Angeboten, in denen sie Bücher und andere Verlagsprodukte, Freizeitprodukte sowie diverse Geschenkartikel anbieten. Hierfür ist es erforderlich, dass die Tageszeitungsverlage zumindest einen Online-Produktkatalog erstellen und ihren Kunden eine sichere, fehlertolerante Abwicklung von Bestelltransaktionen sowie des Zahlungsverkehrs garantieren.[304]

4.4.3.3 Datamining

Nirgendwo sonst lassen sich die Interessen und Vorlieben von Menschen so genau beobachten wie beim Surfen im eigenen Online-Angebot. Hier erhält man laut Kabel aussagekräftige Informationen, die nicht nur für die Werbekunden, sondern darüber hinaus auch für die interne Markt- und Trendforschung wertvoll sind. Die meisten

---

298 Vgl. Ebenda, S. 261.
299 Vgl. Riefler, 2001a, S. 82.
300 Vgl. Ziegler/Becker, 2000, S. 168 f.
301 Vgl. Gardon, 2000, S. 18.
302 Vgl. Jung, 2002, S. 93.
303 Vgl. Henze, 2002b.
304 Vgl. Stolpmann, 2001, S. 86.

Tageszeitungsverlage hätten diese interessante Datenerhebungsquelle bisher jedoch gänzlich vernachlässigt. Dadurch würden sie wertvolle Vermarktungschancen verschenken.[305]

Da die Potenziale der direkten Erlösgenerierung durch die Nutzer beim Geschäftsmodell „Content“ derzeitig begrenzt oder erst in Zukunft zu erwarten sind, bietet es sich an, das Content-Angebot verstärkt mit indirekten Erlösmöglichkeiten zu verknüpfen; beispielsweise durch die kommerzielle Verwertung von durch „Datamining“ gewonnenen Nutzerprofilen. Personenbezogene Daten lassen sich unter anderem durch eine Registrierung der Nutzer erfassen.

Generell wirkt eine Registrierung bzw. die Preisgabe von persönlichen Informationen auf die Nutzer jedoch abschreckend. Einen möglichen Registrierungsanreiz bieten kostenlose und individualisierbare Informationsdienste wie „Newsletter“ oder auch der Dienst des „Daily me“ / „My site“, bei dem ein Nutzer die Startseiten eines Online-Angebotes nach eigenen thematischen Vorlieben zusammenstellen kann. Hierdurch lassen sich Nutzerprofile gewinnen, denn um eine personalisierte Startseite einrichten zu können, muss der Nutzer zwangsläufig sein Profil anlegen.[306] Personalisierte Informationsdienste bieten beispielsweise die „Frankfurter Allgemeine“ („faz.net“), die „Main-Rhein-Presse" („main-rheiner.de“) und die „Financial Times Deutschland“ („ftd.de“) an.

Nach der erforderlichen kostenlosen Registrierung können die thematisch-individuell gestalteten Einstiegsseiten aber auch spezielle Services wie bspw. das Einrichten von Online-Musterdepots oder E-Mail-Accounts, Wetterdienste, Staumelder und Chat-Foren zu einem „Lock-in“-Effekt, also einer dauerhaften Nutzerbindung führen. Wie erfolgreich die Verknüpfung von kostenlosen redaktionellen Inhalten und einer notwendigen Registrierung sein kann, zeigt das Beispiel der „New York Times“ („nytimes.com“). Dort müssen sich die Nutzer bereits seit 1996 registrieren lassen und persönliche Auskünfte geben, wenn sie zu den kostenlosen Informationen auf den Web-Seiten Zugang bekommen wollen. So konnte die „New York Times“ im Laufe der Zeit zwölf Millionen Nutzer auf ihrer Online-Datenbank erfassen und die anhand der soziodemographischen Daten ermöglichte gezielte Werbung („Targeting“) kommerziell vermarkten.[307] Das „Targeting“ findet bei der „New York Times“ seine spezifische Ausprägung in den sog. „Surround Sessions“; “where the user is surrounded by one advertiser throughout a visit. The advertiser selects the visitor on the basis of demograph-

305 Vgl. Kabel, 2001, S. 181 f.
306 Vgl. Oppermann, 2002, S. 61.
307 Vgl. Borstelmann/Min, 2002, S. 205 f.

ics or zip code or where they enter the site; then, wherever the user chooses to go within the site, that advertiser's ad will pop up on every page".[308] Der Erfolg kann sich sehen lassen, das Online-Angebot der „New York Times" konnte im dritten Quartal 2001 erstmals schwarze Zahlen schreiben und im vierten Quartal einen Gewinn von 1,4 Mio. US Dollar ausweisen.[309]

Das Potenzial von „Datamining" ist also groß und bietet sich gerade für die Tageszeitungsverlage an, denn sie verfügen mit ihren redaktionellen Angeboten über einen hohen Registrierungsanreiz.

Hinzuweisen gilt es an dieser Stelle jedoch darauf, dass beim Einsatz von „Datamining" in Deutschland der Datenschutz zu beachten ist. Nach dem Teledienstdatenschutzgesetz (TDDSG) § 3 Abs. 1 und dem Mediendienste-Staatsvertrag (MDStV) § 12 Abs. 2 steht die Erhebung, Verarbeitung und Nutzung von personenbezogenen Daten unter einem Erlaubnisvorbehalt. Alle der genannten datenbezogenen Handlungen sind nur statthaft, wenn eine Rechtsvorschrift sie ausdrücklich erlaubt oder wenn der Nutzer ausdrücklich eingewilligt hat.[310]

4.4.3.4 Einbindung des Geschäftsmodells „Commerce" in das Online-Angebot

Durch die Integration von „Commerce"-Funktionalitäten in das Online-Angebot entsteht zwangsläufig eine engere Verzahnung von redaktionellen Inhalten und kommerziellen Aspekten. Bei dieser Einbindung können die Tageszeitungsverlage zum Beispiel erstmalig direkt an den vermittelten Umsatzerlösen der „Commerce"-Partner beteiligt werden. Während sie im traditionellen Anzeigenmarkt den Werbetreibenden den Zugang zu einem Publikum und eine Verbreitungswahrscheinlichkeit für ihre Botschaften bieten, können sie im Online-Markt zusätzlich direkt an Vertragsabschlüssen beteiligt sein. Sie werden in die Vertriebsstruktur des „Commerce-Partners" integriert und sind nicht länger reine Informationsmittler. Dass dadurch eine ganz neue Angriffsfläche auf die Autonomie der Redaktion und auf die journalistische Glaubwürdigkeit entstehen kann, lässt sich nicht bestreiten. So ist die Wahrscheinlichkeit, dass kommerziellen Aspekten die Priorität vor redaktionellen Belangen eingeräumt wird, im Online-Markt so hoch wie nie zuvor.[311]

Jeder Tageszeitungsverlag hat sich prinzipiell zu entscheiden, ob und inwieweit er bereit ist „Commerce-Funktionalitäten" in sein Online-Angebot einzubinden.

308 Gates, 2002a.
309 Vgl. o.V., 2002e, S. 16.
310 Vgl. Fechner, 2001, S. 909 f.
311 Vgl. Pieler, 2002, S. 148 ff.

Bei der Entscheidungsfindung hinsichtlich einer Einbindung von „Commerce-Funktionalitäten“ ist eine ganze Reihe von Aspekten zu berücksichtigen. Zunächst sollten sich die Tageszeitungsverlage über deren konkreten Nutzen klar werden: Ist der zu erwartende finanzielle Ausgleich angemessen? Dominieren die Vorteile, das eigene Angebot mit zusätzlichen „Commerce“-Funktionalitäten abzurunden? Oder gefährdet eine zu enge Verknüpfung von kommerziellen Angeboten und redaktionellen Inhalten nicht doch die eigene Glaubwürdigkeit und das Vertrauen der Rezipienten, und damit einen der zentralen Wettbewerbsvorteile der Tageszeitungsverlage im Online-Markt?

Ziegler/Becker weisen in diesem Zusammenhang darauf hin, dass sich das Online-Angebot von traditionellen Verlagsprodukten unterscheidet. Die Nutzer würden erwarten, dass „Commerce“-Funktionalitäten im Web-Auftritt eines Tageszeitungsverlages integriert sind, denn ein langes und umständliches Suchen nach entsprechenden Serviceleistungen würde sie verärgern und dazu führen, dass andere Online-Angebote aufgesucht würden.[312] Auch Breyer-Mayländer betont, dass sich die Nutzer Dienstleistungen und Produkte aus einer Hand wünschen. Durch das Prinzip des „One-Stop-Shop“ wären die Online-Anbieter aufgefordert, neben den eigentlichen Informationen über ein Thema auch die entsprechenden Beratungsleistungen sowie den Verkauf der dazugehörigen Produkte zu organisieren.[313]

Dennoch besteht aufgrund einer möglichen Namensidentität des Online-Angebotes und des Muttermediums ein wechselseitiger Imagetransfer,[314] so dass sich ein aus Nutzersicht unseriöses Online-Angebotes auch negativ auf die gedruckte Tageszeitung auswirken könnte. Wichtig bleibt demnach der alte, in den Landespressegesetzen und auch im Mediendienste-Staatsvertrag festgelegte Grundsatz, dass redaktionelle Inhalte und Werbung getrennt sein müssen.[315] Dies ist laut Oppermann auch aus ökonomischer Sicht keinesfalls als nachteilig zu sehen, denn wären die redaktionellen Inhalte seriös und qualifiziert, so könnten die Nutzer davon ausgehen, dass auch die „Commerce“-Angebote seriös und von Qualität sind.[316]

---

312 Vgl. Ziegler/Becker, 2000, S. 168.
313 Vgl. Breyer-Mayländer, 2001, S. 23 f.
314 Vgl. Wolff, 2002, S. 108.
315 Vgl. Oppermann, 2002, S. 61.
316 Vgl. Ebenda, S. 59.

4.4.4 Geschäftsmodell „Connection"

Dieses Geschäftsmodell hat das Ermöglichen eines Informationsaustausches zwischen Akteuren in Netzwerken zum Inhalt,[317] welcher sowohl technologischer, kommerzieller als auch rein kommunikativer Natur sein kann.[318] Das Geschäftsmodell gestattet eine Interaktion in virtuellen Netzwerken, die im Gegensatz zu einer Interaktion in der physischen Welt, „aufgrund der prohibitiven Höhe von Transaktionskosten oder aufgrund von Kommunikationsbarrieren (...) nicht realisierbar ist".[319] Das Modell kann in zwei weitere Varianten untergliedert werden.

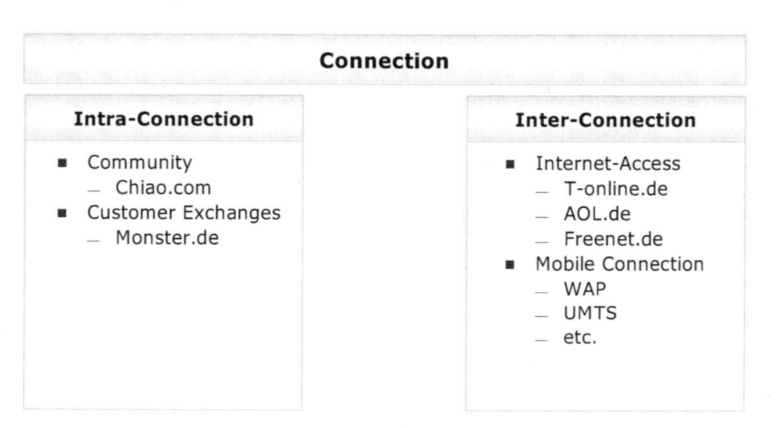

Abb. 8: Varianten des Geschäftsmodells „Connection" [320]

Die Variante „Intra-Connection" des Geschäftsmodells beschreibt dabei das Angebot von kommerziellen oder kommunikativen Dienstleistungen innerhalb des Internet. Dieser Variante können etwa die „Internet-Communities" zugeordnet werden, oder auch die Online-Rubrikenmärkte, wie beispielsweise für den Stellenmarkt das Karrierenetzwerk „Monster.de". Hingegen ermöglichen Unternehmen, die in der Geschäftsmodell-Variante „Inter-Connection" aktiv sind, den Nutzern den eigentlichen Zugang zu den physischen Netzwerken.[321]

317 Vgl. Wirtz/Kleineicken, 2000, S. 633.
318 Vgl. Wirtz, 2001, S. 434.
319 Ebenda, S. 435.
320 In Anlehnung an Wirtz, 2001, S. 435.
321 Vgl. Wirtz, 2001, S. 435 ff.

4.4.4.1 „Community“

Eine „Virtual Community“ beschreibt nach Schubert et al. „den Zusammenschluss von Individuen oder Organisationen, die gemeinsame Werte und Interessen miteinander teilen und die über einen längere Zeit mittels elektronischer Medien orts- und (teilweise auch) zeitungebunden kommunizieren“.[322] Die Entstehungsgeschichte der „virtuellen Communities“ lässt sich auf die Kommunikationsforen des Internet in den 80er Jahren zurückführen. Durch diese „Newsgroups“, die sich mit unzähligen Themengebieten befassen (z.B. Forschung, Lehre, Computer, Gesundheit, Freizeitgestaltung, Politik, Musik) ist seither ein reger globaler Gedankenaustausch mittels des Internet im Gange. Über die reine kommunikative Interaktion hinaus entwickelte sich über die Jahre hinweg ein festes Netzwerk von persönlichen Bekannt-, und Freundschaften.

Dass sich die dem „Community-Gedanken“ innewohnenden Kräfte auch für wirtschaftliche Zwecke nutzen lassen, wurde Mitte der neunziger Jahre erkannt.[323] „Communities profitieren davon, dass alle Mitglieder zu ihrem Erfolg beitragen, indem sie ihr Wissen einbringen“.[324] Wichtig ist beim Aufbau einer „Community“ zunächst die Konzentration auf einen Themenfokus, um den sich später das „Community“-Leben entwickeln kann. Daraufhin müssen Inhalte erstellt werden, die in einem engen Bezug zum Themenfokus stehen, denn sie bilden die Basis für die Interaktion der Nutzer. Die „Community“-Mitglieder bringen daraufhin eigene Erfahrungen und Wissen mittels „Newsgroups“, „Chats“ oder „E-Mail“ ein und entwickeln Eigenaktivitäten wie beispielsweise die Übernahme der Moderation von Diskussionsforen, das zur Verfügung stellen von Informationsmaterial oder auch das Entwerfen von weiteren Unterhaltungsangeboten. Parallel hierzu entwickelt sich sukzessive ein Netzwerk von persönlichen Beziehungen, das die Mitglieder fest an die „Community“ bindet.

Aus finanzieller Perspektive sind virtuelle „Communities“ dann interessant, wenn sie über eine kritische Masse an Mitgliedern verfügen. Sobald das Nachfragepotenzial einer „Community“ eine attraktive Größe erreicht, lassen sich kooperierende Unternehmen integrieren.[325] Die Erlösgenerierung erfolgt hier also indirekt durch Provisionen und Werbeinnahmen, indem eine klar definierte, homogene Zielgruppe vermarktet wird. Dabei bieten „Communities“ den kooperierenden Unternehmen eine ideale Transaktionsplattform, da sich ihre Nutzer, aufgrund des vertrauten Umfeldes, durch eine erhöhte Konsumbereitschaft auszeichnen.[326] Durch eine ständige Interaktion mit den Mitglie-

---

322 Schubert/Selz/Haertsch, 2001, S. 155.
323 Vgl. Paul/Runte, 1999, S. 50 f.
324 Stoplmann, 2001, S. 314.
325 Vgl. Paul/Runte, 1999, S. 51 f.
326 Vgl. Gardon, 2000, S. 42.

dern lässt sich auch viel über deren Präferenzen erkennen, was wiederum für individuelle Marketingaktionen genutzt werden kann.[327]

Die Marktstärke von Tageszeitungsverlagen basiert geradezu darauf, dass ihre redaktionelle Arbeit seit Jahrzehnten eng mit ihren Verbreitungsgebieten verknüpft ist und dass ihre Marke innerhalb ihres Verbreitungsgebietes einen hohen Bekanntheitsgrad und ein entsprechendes Vertrauen genießt.[328] Für Tageszeitungsverlage bietet es sich also an, eine „Community" mit dem Fokus auf lokale oder regionale Inhalte bzw. Belange aufzubauen, also die Rolle eines „Online-Organisationszentrums für lokales Leben" (Local Community Organizer[329]) zu übernehmen.

Der unmittelbare Kontakt mit dem Nutzer ist bei diesem Geschäftsmodell für die Tageszeitungsverlage eine der ganz großen Herausforderungen, denn in einer „Community" werden keine Leserbriefe geschrieben, die postalisch ankommen, gesichtet, bearbeitet und irgendwann einmal (vielleicht) ihren Weg zur Veröffentlichung in der Tageszeitung finden. Interaktivität bedeutet, dass sich Nutzer spontan „online" und ohne jegliche Zensierung für alle Teilnehmer sichtbar zu Wort melden können. Chats und Kommunikationsforen dürfen folglich nicht sich selbst überlassen werden, sie müssen regelmäßig betreut werden. Der große Vorteil einer „Community" ist, dass eine besondere „Nutzer-Web-Site-Bindung" entsteht, die für den anhaltenden Erfolg eines Online-Angebotes dienlich ist.[330] Paul/Runte weisen in diesem Zusammenhang darauf hin, dass durch erfolgreiche „Communities" darüber hinaus nachhaltige Marktzutrittsbarrieren für potenzielle Wettbewerber errichtet werden können.[331]

Dass sich das Geschäftsmodell „Community" für die Tageszeitungsverlage zur besseren Nutzung des Online-Potenzials sowie zu Stärkung ihrer Wettbewerbsposition anbietet, liegt auf der Hand. Inwieweit es in der Praxis tatsächlich erfolgreich umgesetzt wird, kann nicht festgestellt werden, da sich diesbezüglich keinerlei veröffentlichte Hinweise finden lassen. Fest steht zumindest, dass einige Branchenvertreter dieses Geschäftsmodell in Angriff genommen haben, beispielsweise die „WAZ-Gruppe" mit ihrem Online-Angebot „City-Web" („cityweb.de") für das Ruhrgebiet.

Eine erfolgreiche Community aufzubauen, gilt im Allgemeinen jedoch als sehr schwierig. Denn das „Community Business" ist längst nicht so einfach, wie manche

---

327 Vgl Paul/Runte, 1999, S. 52.

328 Vgl. Breyer-Mayländer, 2001, S. 25.

329 Der Begriff stammt aus einer Studie der Europäischen Kommission, „Strategic Developments for the European Publishing Industrie towards the Year 2000 – Europe's Mulitmedia Challenge", in der Tageszeitungsverlagen empfohlen wird, sich als „Local Community Organizer" im Online-Markt zu positionieren (vgl. Commission of the European Communities (Hrsg.), 1996, S. 23 f.).

330 Vgl. Franzmann, 2001, S. 74.

331 Vgl. Paul/Runte, 1999, S. 63.

Kommerzprojekte denken", bemerkt Rheingold, der seit seinem Buchklassiker „Virtuelle Gemeinschaft" als anerkannter Beobachter des Netzlebens gilt. „So etwas erfordert viel Aufmerksamkeit und Geduld".[332]

4.4.4.2 „Customer-Exchanges"

Unter dieses Geschäftsmodell können die Online-Rubrikenmärkte der Tageszeitungsverlage eingeordnet werden. Gut jeder zweite Tageszeitungsverlag mit einem eigenen Online-Angebot war 2001 mit seinen Rubrikenmärkten im Internet.[333] Die Erlösgenerierung erfolgt hier im Allgemeinen direkt durch nutzungsabhängige Gebühren der Anzeigenkunden. Pieler weist darauf hin, dass die privaten rubrizierten Kleinanzeigen für die Tageszeitungsverlage bislang keine bedeutsame Einnahmequelle darstellen, da sie ihren Print-Inserenten die zusätzliche Online-Schaltung i.d.R. ohne bzw. nur gegen einen sehr geringen Aufpreis anbieten würden.[334]

Wie in Kapitel drei bereits dargestellt, befinden sich die Tageszeitungsverlage mit diesem Geschäftsmodell in einem Markt, der sich durch eine hohe Wettbewerbsintensität auszeichnet und der zudem die wichtigen rubrizierten Anzeigen der gedruckten Tageszeitungen bedroht. Zum Schutz des wichtigen Rubrikenmarktes und aufgrund des hohen Wettbewerbsdrucks durch branchenfremde Anbieter, sollten die Tageszeitungsverlage in dieser Geschäftsmodellvariante nach Fuhrmann zügig neue Wertschöpfungspotenziale entwickeln. Er schlägt Plattformen vor, die weit mehr als reine Rubrikenmärkte bieten, beispielsweise durch vielfältigen nutzerorientierten Service und passende Konzepten für E-Commerce.[335] So könnte ein Verlag im Segment des Stellenmarktes Dienstleistungen wie die Vorauswahl von Bewerbungen, die Beratung von Unternehmen oder auch die Benachrichtigung der Bewerber übernehmen.[336] Zu Steigerung der Attraktivität von KFZ-Anzeigen würde sich das Angebot von Online-Auktionen anbieten, oder auch die Integration von Zusatzinhalten, zum Beispiel Testberichte, Auto-News oder Versicherungsangebote.[337]

4.4.4.3 „Internet-Access"

Bereits sehr früh setzte sich bei den Tageszeitungsverlagen laut Fuhrmann die Erkenntnis durch, dass sie sich auf neue Geschäftsfelder begeben mussten, wenn sie die neuen Wertschöpfungspotenziale des neuen Marktes nicht nur partiell für sich nutzen

---

332 Hier zitiert nach Wegner, 1997, S. 46.
333 Vgl. Vogel, 2001, S. 596.
334 Vgl. Pieler, 2002, S. 147.
335 Vgl. Fuhrmann, 2001, S. 19 f.
336 Vgl. Degethoff, 2001, S. 118.
337 Vgl. Hesse, 2001, S. 164.

wollten. Etwas völlig Neues wäre das Anbieten von Internetzugängen gewesen.[338] Im Rahmen dieses Geschäftsmodells bietet ein Tageszeitungsverlag nicht nur ein eigenes Online-Angebot, sondern tritt gleichzeitig als Internet-Provider auf, d. h. er stellt seinen Kunden die technische Infrastruktur zum Internet-Zugang zur Verfügung.[339]

Pioniere in diesem Geschäftsmodell waren die „Rhein-Zeitung“ und die „Mittelbayerische Zeitung“. Letztere bot ihrer Leserschaft den Internetzugang aus Marketinggründen zeitweise sogar kostenlos an. Der rein kaufmännische Reiz dieses Modells musste jedoch alsbald in Zweifel gezogen werden, denn es zeichnete sich ab, dass ausgelöst durch die Konkurrenz unter den großen Telekommunikationsanbietern, ein rapider Preisverfall der Zugangsgebühren einsetzen würde.[340] Dennoch sind einige Tageszeitungsverlage weiterhin in diesem Segment aktiv und bieten Internetzugänge an, beispielsweise die „Stuttgarter Zeitung“, die „Nürtinger Zeitung“ oder auch die „Rhein-Zeitung“. Denn in einer Zeit, in der die Online-Angebote Verlustgeschäfte darstellen, lassen sich durch dieses Geschäftsmodell immer noch Deckungsbeiträge erwirtschaften.

Darüber hinaus verfügen die Tageszeitungen über ein attraktives Vermarktungspotenzial, setzt sich doch ein Großteil ihrer treuesten Leserschaft aus den über 50-Jährigen zusammen, einer Altersgruppe, die unter der Gesamtheit der bundesdeutschen Internetnutzer noch unterrepräsentiert ist.[341] Hier besteht die Möglichkeit diese durch das Anbieten von Online-Kursen oder auch durch eine zielgruppengerechte Berichterstattung und Werbung in der gedruckten Tageszeitung von den Vorteilen des Internet und dem eigenen Provider-Service zu überzeugen.

Auch unter Marketinggesichtspunkten gibt es weiterhin gute Argumente für ein Engagement als Internet-Provider. So kann der Tageszeitungsverlag beispielsweise intensive Beziehungen zu Nutzern aufbauen und ihre Profile generieren. Darüber hinaus stellt das eigene Online-Angebot den Ausgangspunkt für jeden Streifzug durch das Internet dar.[342] Die Erlösgenerierung kann hier direkt anhand einer Kombination von Grundgebühren und transaktionsabhängigen Verrechnungen durch einen Internet-Einwahlknoten zum Ortstarif geschehen, oder nur transaktionsabhängig (sog. „call-by-call“), wie dies beispielsweise von einigen der großen Telekommunikationskonzerne angeboten wird.

338 Vgl. Fuhrmann, 2001, S. 14.
339 Vgl. Lehr, 1999, S. 72.
340 Vgl. Fuhrmann, 2001, S.14.
341 Der Anteil der über 50-Jährigen unter den Online-Nutzern ist mit 19%. (vgl. Ridder, 2002, S. 122) unterrepräsentiert.
342 Vgl. Fuhrmann, 2001, S.14.

4.5 Mögliche Geschäftsmodelle für das Online-Angebot im „B-to-B"-Markt

4.5.1 Geschäftsmodell „Content-Syndication"

Hamburger Journalisten, nach Berger bekannt für ihren Zynismus, hätten früher beklagt, dass ihre mühevoll recherchierten und geschriebenen Artikel am nächsten Tag nur noch den Fischhändlern auf dem Großmarkt zu etwas dienlich wären – und zwar für das Einpacken von Aalen. So ganz unrecht hätten sie damals mit dieser Feststellung sicherlich nicht gehabt.[343] Auf der Höhe der Interneteuphorie in den Jahren 1999 und 2000 wurde auf den Tagungen, Kongressen und in Studien verstärkt von einem Geschäftsmodell gesprochen, welches die Basis für die neue erfolgreiche „Web-Publishing-Welt" bilden sollte: „Content-Syndication".[344] Unter „Content Syndication" versteht man das Vermitteln und Verkaufen von Nutzungsrechten zur Fremdverwertung, und damit Wiederverwertung, von digitalen Inhalten an andere Online-Anbieter. Dabei kann der Urheber der Inhalte (Rechteeigentümer[345]) als „Syndicator" entweder in Eigenregie Nutzungsrechte veräußern oder sich auf die Rolle eines Inhalte-Lieferanten („Content Provider") beschränken und den Prozess einem „Content Broker" („Zwischenhändler") überlassen, der diese dann an Abnehmer („Content Subscriber") weitervermittelt.

Demnach ist „Content Syndication" per se eigentlich nur eine neue Bezeichnung für ein altbekanntes und etabliertes Geschäftmodell. Die Lizenzierung von Inhalten ist seit je her das Geschäftsfeld von spezialisierten Medienunternehmen wie beispielsweise das der Nachrichtenagenturen (Bsp.: „dpa", „ddp", „Reuters" etc.). Das eigentlich Neue daran ist, dass eine Lizenzierung durch Bereitstellen eines „Hyperlinks" erfolgen kann.

Zudem dehnt sich dieses Geschäftsmodell durch die fortschreitende Etablierung eines elektronischen Marktes und dessen steigender Nachfrage nach redaktionellen Inhalten auch auf andere Branchen aus. Presse- und Rundfunkunternehmen, die ihre redaktionellen Angebote bisher ausschließlich über die eigenen Trägermedien verbreitet haben, wird es möglich über digitale Vertriebskanäle als „Syndicator" aufzutreten und ihre mit hohen „First Copy Costs" erstellten Inhalte an Dritte zu lizenzieren.[346] Ebenso ist es den Medienunternehmen mit diesem Geschäftsmodell möglich, durch Zukauf von fremden Inhalten die Kosten für das eigene Online-Angebot zu senken.

---

343 Vgl. Berger, 2002, S. 160.

344 Vgl. Dernbach, 2002, S. 125.

345 Potentiellen Nutzern räumt ein Urheber durch Lizenzverträge Nutzungs- und Verwertungsrechte an seinen urheberrechtlich geschützten Inhalten ein. Als Eigentum können diese nicht erworben werden, da das Urheberrecht in Deutschland nicht übertragbar ist (vgl. Zschau/Traub/Zahradka, 2002, S. 119).

346 Vgl. Price Waterhouse Coopers, 2002; vgl. o.V., 2001b, S. 23.

Aus theoretischer Sicht ist das Geschäftsmodell „Content Syndication“ für alle Beteiligten vorteilhaft. Auf der einen Seite stehen die Medienunternehmen, die ihre vorhandenen und mit hohen Kosten erstellten redaktionellen Inhalte gewinnbringend mehrfach verwerten möchten. Auf der anderen Seite werben im Internet unzählige gewerbliche Online-Angebote um die Aufmerksamkeit der Nutzer. Unternehmen sind daran interessiert, durch das firmeneigene Intranet ihre Mitarbeiter und das Management mit aktuellen Informationen zu versorgen. Und auch elektronische Marktplätze benötigen redaktionelle Inhalte als Zusatzservice für ihre Kunden. In allen Fällen sind sie hierfür auf aktuelle und glaubwürdige Inhalte angewiesen, die sie ohne journalistische Kompetenz und ohne die zur Verfügung stehende Infrastruktur eines Medienbetriebes nicht zu akzeptablen Kosten selbst erstellen können.[347]

Das Marktvolumen für „Content Syndication“ lag laut einer Studie des Marktforschungsunternehmens Jupiter MMXI im Jahre 2002 europaweit bei über 100 Mio. € und soll sich allein bis 2004 verdoppeln.[348] Das Marktpotenzial scheint für die Tageszeitungsverlage also groß, sowie die Abwicklung, dank des elektronischen Publizierens, unkompliziert zu realisieren.

Die erfolgreiche Umsetzung des Geschäftsmodells weist in der Praxis laut Riefler jedoch durchaus Tücken auf, denn nicht jeder „Content“ würde sich gleich gut für eine Mehrfachverwertung eignen. Dies zeige sich beispielsweise schon bei der Vermarktung von Archiven durch Datenbankanbieter. Dort behalten Wirtschaftsinformationen von überregionalen Tageszeitungen und Fachzeitschriften für Firmenkunden, die die größte Abnehmergruppe repräsentieren, auch nach Jahren ihren Nutzen. Angebote von regionalen Tageszeitungen hingegen, die naturgemäß einen anderen inhaltlichen Fokus hätten, würden im Markt weitaus weniger nachgefragt.[349]

Man kann also den Rückschluss ziehen, dass „Content-Syndication“ derzeit nur für Fachverlage und die überregionalen Tageszeitungsverlage attraktiv ist. Verändern könnte sich dies durch die bereits dargestellte Entwicklung des Marktes für “mobilen Content“. Denn die Telekommunikationsanbieter benötigen nach dem Erwerb der kostspieligen UMTS- Lizenzen neben reinen Kommunikationsangeboten auch Medieninhalte für ihre mobilen Kanäle, die den Interessen der Nutzer entgegenkommen.

Die Zusammenarbeit mit Telekommunikationsanbietern könnte es also auch den lokalen und regionalen Tageszeitungsverlagen zukünftig ermöglichen, ihre redaktionellen Inhal-

347 Vgl. Riefler, 2001b, S. 194 f.
348 Vgl. o.V. (2001c), S. 56.
349 Vgl. Riefler, 2001b, S. 195 f.

te erfolgreich, durch den Verkauf an Dritte, mehrfach zu verwerten. Die Tageszeitungsverlage liefern die Informationen und erhalten im Gegenzug eine Beteiligung an den Einnahmen aus der mobilen Datenübertragung.[350]

4.5.2 Tageszeitungsverlage als „Service-Provider“

Viele lokale und regionale Tageszeitungen haben bereits frühzeitig nicht nur separate Abteilungen aufgebaut, sondern auch Tochterunternehmen gegründet, die für Institutionen aus ihren Verbreitungsgebieten (Bsp.: Behörden, Vereine und Unternehmen) die Internet-Präsenz gestalten und betreuen. Dieses neue Geschäftsfeld wird auch als „Service Providing“ bezeichnet.[351] Beispielsweise ist das Unternehmen ODN (Onlinedienst Nordbayern GmbH / „odn.de“) als Tochterunternehmen der Verlagsgruppe „Nürnberger Presse“ bereits seit 1982 als IT-Dienstleister und später auch als „Service-Provider“ tätig. Heute bietet das Unternehmen seinen Kunden von der technischen Anbindung an das Internet der Konzeption, Realisation und Betreuung der Auftritte bis hin zur Unterstützung bei der Findung von Geschäftsideen für das Internet, der Programmierung von Datenbanken und der Erstellung von Firewall-Konzepten ein umfangreiches Leistungsangebot an.[352]

Aus gegenwärtiger Sicht ist es als sehr vorteilhaft zu bewerten, dass sich die Tageszeitungsverlage durch eine solche Diversifikation ein weiteres wirtschaftliches Standbein aufgebaut haben, wodurch sich ihre konjunkturelle Abhängigkeit vom Anzeigenaufkommen reduzieren lässt. Ferner verfügen sie so verlagsintern über das technische „Know-How“, das aufgrund der zunehmenden Differenzierung ihres Leistungsangebotes durch „Cross-Media-Strategien“ bzw. zunehmenden Medienkonvergenz an Bedeutung gewinnen wird.

4.5.3 Kooperationen als Option zur Stärkung der Wettbewerbsfähigkeit

Das Eingehen von Kooperationen könnte sich für einen Tageszeitungsverlag beispielsweise aufgrund unterschiedlicher strategischer Ausrichtungen der Partner, technischer Schnittsstellenprobleme, fehlendem Vertrauen, Angst vor Autonomieverlust, Konflikten im Bereich der Unternehmenskultur oder auch in der Markenführung sehr schwierig gestalten. Dennoch gilt, dass gerade im Online-Markt Kooperationen immer wichtiger werden. Denn der einzelne Tageszeitungsverlag kann für sich allein im starken Wettbewerb des Online-Marktes nur bedingt bestehen.[353]

350 Vgl. Berger, 2002, S. 165.
351 Vgl. Fuhrmann, 2001, S.14.
352 Vgl. Online Dienst Nordbayern, 2002.
353 Vgl. Fuhrmann, 2001, S. 19.

Vor diesem Hintergrund bieten sich zwischenbetriebliche Kooperationen zur Stärkung der eigenen Wettbewerbsposition an, beispielsweise bei der Erstellung von redaktionellen Inhalten, bei der Technik, in der Werbevermarktung und im Anzeigenwesen. Durch das Eingehen von erfolgreichen Kooperationen kann ihre Ausgangslage als lokale und regionale Medienunternehmen im nationalen und inter-nationalen Wettbewerb wesentlich verbessert werden. Die folgenden zwei Abschnitte stellen die Vorteile von Kooperationen vor und zeigen ausgewählte Beispiele bereits etablierter Kooperationen aus der Branche.

4.5.3.1 Systematisierung und Vorteile von Kooperation

Bei einer Kooperation handelt es sich zunächst um eine Unternehmensverbindung. Nach dem Grad der Beeinflussung der wirtschaftlichen oder rechtlichen Selbständigkeit der zusammengeschlossenen Unternehmen kann man ferner zwischen Kooperationen und Konzentrationen unterscheiden. Eine Konzentration liegt dann vor, wenn die ökonomische Selbständigkeit eines beteiligten Unternehmens aufgegeben wird, entweder rechtlich oder wirtschaftlich, wie dies beispielsweise bei Fusionen der Fall ist. Bei Kooperationen wie Interessensgemeinschaften, Joint Ventures, strategischen Allianzen, Konsortien usw. bleibt die wirtschaftliche Selbständigkeit der beteiligten Unternehmen erhalten.[354] Unter einer Kooperation versteht man „ein auf einen gemeinsamen Zweck abgestelltes, kartellrechtliches erlaubtes Handeln bzw. Verhalten von mehreren voneinander unabhängigen Wirtschaftssubjekten, die direkt untereinander Verträge abschließen, wonach einzelne gleiche, sich ergänzende und konträre Teilfunktionen aus dem unternehmerischen Gesamtbereich ausgegliedert werden, um sie koordiniert besser wahrnehmen zu können“.[355]

Bei Kooperationen geht es also um eine „Zusammenlegung von einzelnen Unternehmensfunktionen zu dem Zweck, die Leistung der beteiligten Kooperationspartner zu steigern und dadurch deren Wettbewerbsfähigkeit zu verbessern“.[356] Dabei können Kooperationen unter verschiedenen Gesichtspunkten systematisiert werden. Die Differenzierung nach der Zugehörigkeit zu bestimmten Wirtschaftsstufen oder Wertschöpfungsbereichen ist ein relevantes Unterscheidungskriterium. Hier wird in vertikale, horizontale und die diagonale Kooperationen unterschieden. „Vertikale Kooperationen beziehen sich auf Unternehmen aufeinanderfolgender Stufen der Wertschöpfungskette, wie z.B. Kunde und Lieferant“.[357] Horizontale Kooperationen hingegen sind Vereinigungen

354 Vgl. Wöhe, 2000, S. 320.
355 Bott, 1967, S. 19.
356 Benisch, 1973, S. 67.
357 Picot/Reichwald/Wigand, 1998, S. 281. Bei einer vertikalen Kooperation arbeitet der Tageszeitungsverlag folglich mit einem ihm vor- oder nachgelagerten Unternehmen aus der Wert-

von Unternehmen der gleichen Produktions- und Handelsstufe bzw. der gleichen Branche oder der gleichen Wertschöpfungskette. Diagonale Kooperationen liegen dann vor, wenn sich Unternehmen verschiedener Branchen und verschiedener Wertschöpfungsketten zusammenschließen.

Durch das Eingehen von Kooperationen mit externen Partnern können Tageszeitungsverlage die Kosten für das eigene Online-Angebot senken sowie das Investitionsrisiko auf mehrere Träger verteilen.[358] Es kommen unterschiedliche Aspekte von Verbundvorteilen zu tragen: Zunächst können auf der journalistisch-inhaltlichen Ebene Leistungen mehrfach verwertet werden, wodurch sich die Kosten der einzelnen beteiligten Kooperationspartner senken lassen. Darüber hinaus können auch bestimmte wiederkehrende Tätigkeiten im Bereich der Anzeigenakquisition, im Vertriebs-, und Verwaltungswesen, in der Kundenbetreuung etc. gemeinschaftlich und damit kostengünstiger durch erzielte Syngergieeffekte betrieben werden. Durch erfolgreiche Kooperationen lässt sich die Wettbewerbsfähigkeit der Tageszeitungsverlage demnach nachhaltig erhöhen; darüber hinaus können Marktzutrittsbarrieren aufgebaut werden.

4.5.3.2 Ausgewählte Kooperationsbeispiele der Branche aus der Praxis

- Als Beispiel für eine diagonale Kooperation in der Branche kann das Online-Angebot „Berlin-Online.de“ dienen. Seit Januar 2001 wird es neben dem Verlag Gruner & Jahr auch von der Bankgesellschaft Berlin AG betrieben. Gemeinsam streben sie die Marktführerschaft unter den Hauptstadtportalen an.[359]
- Ein Beispiel einer vertikalen Kooperation ist die Zusammenarbeit des Axel Springer Verlages mit „Bild“ und der Tochter des Telekommunikationsdienstleisters Telekom T-Online. Sie kooperieren unter „bild-t-online.de“. Allerdings war hierfür eine Genehmigung des Bundeskartellamtes unter Auflagen erforderlich, da befürchtet wurde, dass durch diese Zusammenarbeit die marktbeherrschende Stellung von T-Online weiter ausgebaut werden könnte.[360]
- Als ein erfolgreiches Beispiel für eine horizontale (brancheninterne) Kooperation unter den Tageszeitungsverlagen kann die Online-Marketing-Service GmbH (OMS) aufgezählt werden. Um die Marktchancen des Internet besser zu nutzen und um von

---

schöpfungskette zusammen. Im traditionellen Markt wären dies bspw. die vorgelagerten Papier- oder Maschinenlieferanten oder die nachgelagerten Absatzmittler (Bsp. Presse-Grossisten). Im Online-Markt ergibt sich hier jedoch ein anderes Bild: Die technischen Infrastrukturlieferanten ersetzten die traditionellen Lieferanten und die Absatzmittler.

358 Vgl. Lehr, 1999, S. 75.

359 Vgl. Scharmann, 2001, S. 39.

360 Vgl. o.V., 2002f, S.13.

Synergieeffekten profitieren zu können, schlossen sich bereits im Dezember 1996 15 regionale Tageszeitungsverlage mit dem Ziel zusammen, eine bundesweite werbliche Vermarktung ihrer Online-Angebote zu realisieren. Über OMS stellen Tageszeitungsverlage ihr Online-Angebot für nationale und flächendeckende Online-Kampagnen bereit.[361] Der Werbekunde kann seine Botschaften über alle Teilnehmerangebote synchron verbreiten, die Buchung und Abwicklung der Werbeaktionen erfolgt dabei in einer Hand. Die OMS hat die Aufgabe, überregionale Markenartikler für eine Anzeigendachmarke zu interessieren und für bestimmte thematische Umfelder die zielgerechte nationale Werbeplattform anzubieten. Heute stehen hinter der OMS 38 regionale Tageszeitungsverlage aus dem ganzen Bundesgebiet. Mit 63 Online-Angeboten konnten im August 2002 über 21 Mio. PageVisits und über 150 Mio. PageImpressions erzielt werden.[362]

- Weiterhin lässt sich als eine erfolgreiche horizontale Kooperation die im Herbst 1996 vom Verband der Lokalpresse initiierte Pipeline GmbH nennen, durch die mehrere, vorwiegend kleinere, lokale Tageszeitungsverlage kooperieren. Die Pipeline GmbH liefert den angeschlossenen Verlagen die überregionalen Nachrichten sowie eine bundesweite Kleinanzeigendatenbank für ihr Online-Angebot; dadurch sind diese in der Lage, ein konkurrenzfähiges „Vollangebot“ mit einem überschaubaren finanziellen und personellen Aufwand anzubieten.[363]

- Eine weitere horizontale Kooperation, die „Versum.de Aktiengesellschaft“, wurde zwischenzeitlich aufgrund des ausbleibenden wirtschaftlichen Erfolges aber auch aufgrund divergierender Interessen der Kooperationspartner wieder eingestellt.[364] Sie wurde von den zehn größten Zeitungsverlagsgruppen gegründet (u. a. dem Axel Springer Verlag, der Verlagsgruppe Georg von Holtzbrinck, der „Stuttgarter Zeitung“ und der WAZ-Gruppe). Dies geschah mit dem Ziel, branchenfremden Anbietern im Anzeigenmarkt durch die gemeinsame Verwertung der in den 86 beteiligten Tageszeitungen und Anzeigenblättern veröffentlichten Anzeigen auf neu geschaffenen Online-Rubrikenmärkten („motorversum.de“, „jobversum.de“, „immoversum.de“) entgegenzuwirken.[365] So wies die Versum.de AG, laut des Informationsdienstes Crosswater Systems Ltd., im Mai 2002 bereits das fünftgrößte „Gesamtstellenangebot“ unter den deutschen Online-Stellenbörsen auf.[366] Sie hatte dadurch eigentlich die besten Voraussetzungen, sich langfristig erfolgreich zu etablieren.

---

361 Online Marketing Service GmbH, 2002a.
362 Online Marketing Service GmbH, 2002b.
363 Vgl. Breyer-Mayländer, T. (2002), S. 144; vgl. o. V. (1996a), S. 57.
364 Vgl. Brechtel, 2002, S. 90; vgl. o.V., 2002g, S. 40.
365 Vgl. o.V., 2001d, S. 18.
366 Vgl. Crosswater Sytems Ltd. (Hrsg.), 2002, S. 64.

4.6 Ausblick auf notwendige Entwicklungen der Branche

„Dass das Internet den Globus verändert, ist in jeder guten Zeitung zu lesen. Aber, dass das Internet auch die Zeitungen verändert, wird in manchen Verlagshäusern noch nicht wirklich zur Kenntnis genommen“.[367]

In den vorausgehenden Abschnitten wurde es deutlich: Die Tageszeitungsverlage tun sich mit den Herausforderungen des digitalen Zeitalters sehr schwer. Und die gegenwärtigen Schwierigkeiten sind keinesfalls als ein temporäres Phänomen zu werten, denn „im Grenzfall kann sich der Wettbewerb auch vollkommen in den virtuellen Raum verlagern, d.h. nur noch im Marketspace stattfinden, was bei vollständig digitalisierbaren Wertschöpfungsprozessen denkbar ist“.[368] Deshalb gilt es für alle Branchenvertreter den Potenzialen der Digitalisierung und der Medienkonvergenz konsequent Rechnung zu tragen, indem sie sich zukünftig in allen Kommunikationskanälen, durch die sich ihre Wertschöpfungskette sinnvoll ausweiten lässt, engagieren.

Das zunehmende Lösen der Inhalte von den Trägermedien sollte sich zwingend im Selbstverständnis der Tageszeitungsverlage widerspiegeln. Ehemals ausschließlich traditionell agierende Tageszeitungsverlage müssen ihr Kerngeschäft neu definieren und sich zu innovativen „Informationsdienstleistern“ entwickeln, bei denen das Internet, die Tageszeitung, das Anzeigenblatt oder auch ein zukünftiger UMTS-Dienst nur jeweils einen Vertriebskanal im Leistungsportfolio darstellen. Sulzberger jr., Herausgeber der „New York Times”, fasst die notwendige Entwicklung der Verlage zu multimedialen Publizisten dabei wie folgt zusammen: "Newspapers cannot be defined by the second word - paper. They've got to be defined by the first – news (...) We`ve got to be as powerful online, as powerful in TV and broadcasting, as we are powerful in newsprint”.[369] Dabei können die Tageszeitungsverlage die Stärke ihrer etablierten Marken im Sinne einer Dachmarkenstrategie übertragen.

Die Diskussion und Analyse des Online-Marktes hat ergeben, dass sich trotz verschärfender Wettbewerbsverhältnisse durchaus vielfältige Chancen und Potenziale für die Tageszeitungsverlage bieten, um sich langfristig im digitalen Wettbewerb behaupten zu können. Dabei kann ihnen das Denken in Geschäftsmodellen bei der zukünftigen Gestaltung und Sondierung von neuen Geschäftsfeldern behilflich sein. Es hat sich gezeigt, dass die Tageszeitungsverlage auf einen „Erlösmix“ aus Werbung, Transaktionserlösen, „Content-Syndication“, kostenpflichtigen Diensten und redaktionellen

367 Vgl. Franzmann, 2001, S. 76.
368 Fritz, 2001, S. 72.
369 Hier zitiert nach Gates, 2002b.

Inhalten setzten sollten. Zudem müssen sie wesentlich schneller als bisher die Geschäftsmöglichkeiten, die der neue Markt bietet erkennen und für sich nutzen. Darüber hinaus gilt es ausreichend flexibel zu sein, um durch Kooperationen, gerade auch mit branchenfremden Unternehmen, die Wettbewerbsfähigkeit zu stärken. Gerade das Eingehen von Kooperationen im Online-Rubrikenmarkt ist dabei von existenzieller Bedeutung. Zum einen besteht die Gefahr, dass ihre Anzeigeneinnahmen an branchenfremde Internetanbieter abfließen. Zum anderen sind Konzentrationsprozesse zu erwarten, so dass sich langfristig nur einige wenige große Online-Rubrikenmärkte erfolgreich am Markt durchsetzen werden.

Vieles weist zudem darauf hin, dass es den Rezipienten im Zeitalter der digitalen Technologien und der damit einhergehenden Informationsflut verstärkt auf die Auswahl- und Vermittlungsfunktionen sowie auf die Glaubwürdigkeit und Zuverlässigkeit der Leistungen von Medienunternehmen ankommen wird.[370] Eine der originären Aufgaben der Tageszeitungsverlage ist es seit ihrem Bestehen, den Rezipienten eine Orientierung zu bieten. Diese Aufgabe wird zunehmend wichtiger und erfordert auch weiterhin eine redaktionelle Leistungserstellung, die konsequent auf Qualitätsjournalismus setzt und sich an den Bedürfnissen ihrer Rezipienten orientiert. Gelingt es ihnen darüber hinaus ein unverzichtbares (elektronisches) Forum für die Bürger ihres Verbreitungsgebietes zu schaffen, so haben sie beste Voraussetzungen, sich langfristig im digitalen Wettbewerb behaupten zu können.

370 Vgl. Peiser, 1999, S. 130 f.

5. Fallbeispiele: Untersuchung von Online-Angeboten der Mediengruppe Süddeutscher Verlag und der Zeitungsgruppe Stuttgart

5.1 Untersuchungsgegenstand und Vorgehensweise

Im folgenden Kapitel werden die den der Online-Angeboten der Mediengruppe Süddeutscher Verlag („sueddeutsche.de“) und der Zeitungsgruppe Stuttgart („stuttgarter-nachrichten.de/stuttgarter-zeitung.de“) zugrunde liegenden Geschäftsmodelle analysiert und bewertet. Analytische Basis hierfür bildet der in Kapitel vier vorgestellte idealtypischen Geschäftsmodellansatz von Wirtz für den „Business-to-Consumer“-Markt. Es soll untersucht werden, inwieweit eine Übernahme der vorgestellten idealtypischen Geschäftsmodelle in der Praxis vorliegt. Ferner werden ausgewählte Kooperationen und weitere Dienstleistungen, die die Medienunternehmen im „Business-to-Business“-Markt eingegangen sind bzw. anbieten, vorgestellt.

Um sich ein Gesamtbild der Verlagsunternehmen machen zu können, erfolgt zunächst eine Vorstellung ihrer Geschichte und heutigen Geschäftsfelder, eine Darstellung ihrer aktuellen wirtschaftlichen Situation sowie ihres Online-Engagements.

5.2 Die Mediengruppe ‚Süddeutscher Verlag'

Am 6. Oktober 1945 vergab die US-Militärregierung die Lizenz zur Herausgabe der ersten Nachkriegestageszeitung im Freistaat Bayern, der „Süddeutschen Zeitung“, an Edmund Goldschagg, Karl Eugen Müller, Franz Josef Schöningh und August Schwingstein, die gemeinsam den „Süddeutschen Verlag“ gründeten.[371] Noch am selben Abend wurde im Färbergraben in Münchens Innenstadt die erste Ausgabe der „Süddeutschen Zeitung“ hergestellt – mit Druckplatten aus dem eingeschmolzenen Originalsatz von Adolf Hitlers „Mein Kampf“.[372] Sie legten damit das Fundament für eine Unternehmensgruppe, die sich heute aus mehr als 100 Einzelunternehmen zusammensetzt. Diese sind mehrheitlich in der Medienbranche angesiedelt.[373]

Gemeinsam beschäftigten sie im Jahre 2001 mehr als 5000 Mitarbeiter und konnten einen Jahresumsatz von ca. 808 Mio. € erzielen.[374] Die Mediengruppe Süddeutscher

371 Vgl. Sjurts, 1996, S. 49.
372 Vgl. o.V., 1999a, S. 39.
373 Vgl. Schreiber, 1999, S. 238.
374 Vgl. Frank/Grimberg, 2002, S. 14.

Verlag untergliedert sich in fünf Geschäftsfelder, auf die im Folgenden näher eingegangen wird:

- Zeitungen sind auch heute noch das größte und wichtigste Geschäftsfeld der Mediengruppe Süddeutscher Verlag. Die Kompetenz im Zeitungsgeschäft hat es der Mediengruppe nach eigenen Angaben erst ermöglicht, über die Jahrzehnte hinweg zu einem der größten deutschen Verlagshäuser zu wachsen. Im Zentrum der Verlagsaktivitäten steht dabei bis heute die „Süddeutsche Zeitung“ (SZ), das „Flaggschiff“ der Mediengruppe. Ihre Auflage liegt bei über 434.000 Exemplaren (IVW/III/2002).[375] Dadurch ist sie die auflagenstärkste überregionale Abonnementzeitung in Deutschland. Die Mediengruppe hält zudem Anteile an einer Reihe von bayerischen Regional- bzw. Lokalzeitungen, u.a. an der „Frankenpost“ (Hof) und dem „Donaukurier“ (Ingoldstadt). Ebenfalls besitzt sie oder hält Anteile an führenden regionalen Anzeigenblättern im Raum München, in Südthüringen und Nordbayern, die einen wichtigen Bestandteil des Geschäftsfeldes „Zeitungen“ bilden.[376]

- Der Unternehmensbereich „Fachinformationen“ ist das umsatzstärkste und nach dem Geschäftsfeld „Zeitungen“ das bedeutendste Standbein der Mediengruppe. Die Unternehmenstochter Süddeutscher Verlag Hüthig Fachinformationen GmbH (SVHFI) bündelt alle Aktivitäten in diesem Geschäftsfeld[377] und konnte im Jahre 2001 konnte ein Umsatz von über 400 Mio. € erzielen. SVHFI befindet sich auf Platz zwei des deutschen Fachinformationsmarktes hinter der Verlagsgruppe Bertelsmann-Springer.[378]

- Das 1985 als die größte Investition in der Verlagsgeschichte errichtete Druckzentrum München-Steinhausen ist der Hauptstandort des Geschäftsfeldes „Drucktechnik“. Es gilt auch heute noch als eine der modernsten Zeitungsdruckereien in Europa. Im Stundentakt können hier rund 100.000 Zeitungsexemplare gedruckt werden.[379]

- Das im Laufe der letzten Jahre entstandene Geschäftsfeld „Dienstleistungen“ wird durch eine Reihe von Tochterfirmen getragen. Ursprünglich waren diese nur für das eigene Haus tätig, heute stellen sie ihre Dienstleistungen auch außerhalb der Mediengruppe für den Markt bereit. So hat sich beispielsweise die Agentur „Jetzt:netz“ auf

---

375 Datenbezug erfolgte unter „ivw.de“ / zugegriffen am 11.11.2002.
376 Vgl. Süddeutscher Verlag, 2002a.
377 Vgl. Süddeutscher Verlag, 2002b.
378 Vgl. o.V., 2001e, S. 33.
379 Süddeutscher Verlag, 2002c.

Webdesign und Jugendmarketing spezialisiert, während die Firma „Mpo Media Solutions“ Anzeigen-, Redaktions- und Satzssysteme entwickelt.[380]

- Unter das Geschäftsfeld „elektronische Medien“ fällt die Tochter SV–Teleradio Produktions- und Beteiligungsgesellschaft für elektronische Medien mbH. Sie bündelt die Projekte des Medienkonzerns im Bereich der Rundfundaktivitäten. Dazu gehören Korrespondenten- und Produktionsdienstleistungen für europäische TV-Anbieter (u.a. „BBC World“ und „Deutsche Welle“) sowie die Produktion von „Süddeutsche TV“, eine Sendung der „Süddeutschen Zeitung“. Daneben hält die Mediengruppe eine Reihe von Beteiligungen an privaten Hörfunk- und Fernsehstationen wie beispielsweise an Radio Gong 96,3 (München), Antenne Bayern oder auch Bayern/Sat1.

  Ebenfalls unter das Geschäftsfeld „elektronische Medien“, fällt die SV-Online GmbH, die durch ihre Tochtergesellschaft Sueddeutsche.de GmbH das Online-Angebot „sueddeutsche.de“ betreibt.[381]

Abschließend gilt es darauf hinzuweisen, dass von der derzeit anhaltenden Konjunkturschwäche die Mediengruppe Süddeutscher Verlag nicht verschont geblieben ist. So ist das Medienunternehmen bereits im Jahr 2001 mit einem Fehlbetrag von fast 44 Mio. € in die Verlustzone geraten. Für 2002 wird mit einem Umsatzrückgang von 808 auf 720 Mio. € gerechnet. Allein das Umsatzminus bei der „Süddeutschen Zeitung“ soll, ausgelöst durch die hohen Anzeigenverluste bei den rubrizierten Stellenanzeigen, bei 50 Mio. € liegen.[382] Aufgrund der anhaltend schlechten finanziellen Lage sieht sich die Mediengruppe derzeit gezwungen, konzernweit rund 20% ihrer Arbeitsplätze abzubauen. Ende November 2002 hat sich die Südwestdeutsche Medienholding GmbH mit 18,75% an dem finanziell angeschlagenen Konzern beteiligt. Auf diese Weise wird dem Unternehmen ein dreistelliger Millionenbetrag, der dringend zur Liquiditätssicherung benötigt wird, zufließen.[383]

5.2.1 Online-Engagement der Mediengruppe

Bereits in den 1980er Jahren lag ein Engagement der Mediengruppe im Bildschirmtext-System (BTX) vor. Seit 1995 baut sie ihr Online-Angebot im Internet kontinuierlich aus.[384] Laut eigener Aussage räumt sie dabei dem Online-Engagement innerhalb des

380 Süddeutscher Verlag, 2002d.
381 Süddeutscher Verlag, 2002e.
382 Vgl. o.V., 2002h, S. 29.
383 Vgl. o.V., 2002i, S. 11.
384 Vgl. Schreiber, 1999, S. 238 f.

Geschäftsfeldes „elektronische Medien" einen besonders hohen Stellenwert ein. Es wird nicht nur als neues Erlöspotenzial im Geschäftsfeld „elektronische Medien" gesehen, sondern auch als Zukunftsinvestition in Bezug auf die Geschäftsfelder „Zeitungen" und „Fachinformationen". Deshalb steht hinter fast jedem Zeitschriftentitel aus der Mediengruppe Süddeutscher Verlag ein eigenständiges Online-Angebot (zum Beispiel „Kontakter.de" oder „wuv.de").[385] Diese werden in der Regel durch die Redaktionen der einzelnen Fachverlage betreut. Das Kerngeschäft der Mediengruppe im Internet für den Bereich „Zeitungen" ist jedoch bei der Unternehmenstochter SV-Online GmbH angesiedelt. Unter dem Dach dieser Holding befindet sich u.a. die Sueddeutsche.de GmbH, die, wie bereits erwähnt, die Betreiberin des Online-Angebotes „sueddeutsche.de" ist. Die Sueddeutsche.de GmbH ist seit 2001 weiter in die Geschäftsbereiche „Redaktion" und „Rubrikenmärkte" untergliedert.

Die Entwicklungsstadien des Internet-Engagements fasst der Geschäftsführer der SV-Online GmbH, Sonst, keinesfalls branchenuntypisch, wie folgt zusammen: „Auf das erste Motto ‚Wir sind auch mit dabei' folgte eine euphorische Phase, jetzt scheint vorerst Ruhe eingekehrt".[386] Nach Angaben des Geschäftsführers der „Süddeutschen Zeitung" Gasser hat die Mediengruppe allein bis Anfang 2002 ihr Internet-Engagement in Höhe eines zweistelligen Millionenbetrages (in DM) subventioniert. Große Hoffnungen setzt Gasser in diesem Zusammenhang auf das Jahr 2004, denn dann soll erstmals der „Break-Even"[387] im Online-Geschäft erreicht werden.[388]

5.2.2 Geschäftsmodelle im „B-to-C"-Markt von „sueddeutsche.de"

5.2.2.1 Geschichte und Nutzung von „sueddeutsche.de"

Am 6. Oktober 1995 – übrigens dem 50. Geburtstag der „Süddeutschen Zeitung" – wurde im damaligen Textarchiv der „Süddeutschen Zeitung" in Kooperation mit der „Deutschen Welle" erstmals ein Online-Angebot erstellt, das Nachrichtenartikel der Zeitung unter dem Namen „SZonNet" aus dem Archivsystem in das Internet brachte.[389] „Frühzeitig neue Märkte zu besetzen und vor allem für die erwartete Bedrohung der traditionellen Anzeigenmärkte gerüstet zu sein, waren die wesentlichen Argumente für

---

385 Süddeutscher Verlag, 2002e.
386 Hier zitiert nach Struss, 2002, S. 16.
387 „Break-Even" steht für die Gewinnschwelle, bei der die Kosten einer Periode erstmals durch die Erlöse abgedeckt werden.
388 Vgl. Oberauer/Taitl, 2002, S.28.
389 Vgl. Schreiber, 1999, S. 240.

den Eintritt in den Online-Markt".[390] Die übergeordnete strategische Zielsetzung war es, durch den Aufbau eines eigenen Online-Markenproduktes mit hoher journalistischer Qualität sowie einem herausragenden Service für Anzeigenkunden eine führende Rolle unter den Online-Angeboten überregionaler Tageszeitungen einzunehmen.[391] Dieses Ziel wurde verwirklicht. Seit seinem Start im Oktober 1995 hat es sich zu einem der hochfrequentiertesten Internet-Angebote im Tageszeitungssegment entwickelt. Wie folgende Abbildung verdeutlicht, ist diese Entwicklung auch im Jahre 2002 gegeben.

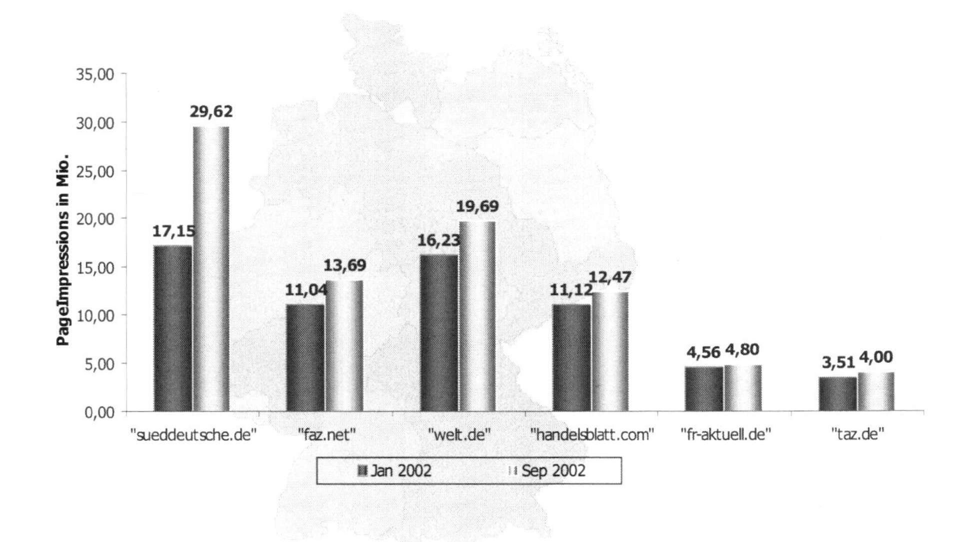

Quelle: eigene Auswertung von Daten aus „ivw-online.de".

Abb. 9: PageImpressions von „sueddeutsche.de" - im Vergleich zu ausgewählten Wettbewerbern [392]

Nach der Allensbacher Computer- und Telekommunikationsanalyse „ACTA 2002" kann das Online-Angebot in der Kategorie „Nutzer pro Monat" (NpM) derzeit rund 1.327.000 Personen erreichen. Rund 85.000 der 1,2 Mio. 14- bis 64-jährigen Leserschaft der gedruckten Tageszeitung, also knapp 7%, sind sog. „Doppelnutzer", d.h. sie informieren sich sowohl über die „Süddeutsche Zeitung" als auch über „sueddeut-

390 Schlegel, 2002, S.195.
391 Vgl. Ebenda, S. 195.
392 Eigene Auswertung / Datenbezug erfolgte unter „ivw-online.de" / zugegriffen am 28.10.2002.

sche.de".[393] Über einige soziodemografische Merkmale der Nutzer gibt die folgende Abbildung Auskunft.

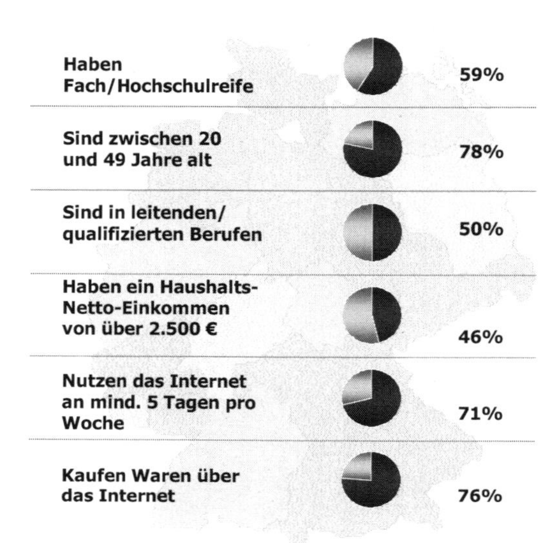

Quelle: Arbeitsgemeinschaft Internet Research e.V.(AGIREV) („Online Reichweiten Monitor" 2003/I auf Basis Nutzer pro Woche).

Abb. 10: Soziodemografische Merkmale der Nutzer von „sueddeutsche.de" [394]

Die Nutzer von „sueddeutsche.de" zeichnen sich demnach überwiegend durch ein hohes Ausbildungsniveau, eine gehobene berufliche Stellung und hohe Kaufkraft[395] aus. Weiterhin haben sie eine starke Neigung, Vertragsabschlüsse auch über das Internet auszuführen. In Verbindung mit den beträchtlichen Zugriffszahlen stellt „sueddeutsche.de" folglich ein attraktives Werbeumfeld für transaktionssuchende Unternehmen dar.

5.2.2.2 Ausprägung des Geschäftsmodells „Content"

Das Online-Angebot ist primär dem Geschäftsmodell „Content" zuzurechnen. Es bezeichnet sich selbst als „Nachrichtenportal". Der redaktionelle Inhalt wird von einer

393 Vgl. Süddeutscher Verlag, 2002f.

394 Vgl. Quality Channel, 2003.

395 Die Kaufkraft gibt jene Geldmittel an, die eine Bevölkerung für Konsumzwecke zur freien Verfügung hat und kann folglich auch als Nachfrageindikator gewertet werden.

14-köpfigen Online-Redaktion erstellt und umfasst die Rubriken Politik, Wirtschaft, Kultur, Wissenschaft, Computer, Karriere, Reise, Sport, Leben & Stil, Wetter, Aktuelles über die Stadt München sowie den Themenbereich Automobil.[396] Daneben ist ein umfangreiches Online-Archiv enthalten. Darüber hinaus ist „sueddeutsche.de" die Dachmarke für die Online-Rubrikenmärkte. Ergänzt wird das Portal um zusätzliche Dienstleistungen wie einen Telefonrechner, Gehaltstests und Veranstaltungskalender, die sich an den Bedürfnissen der Nutzer orientieren. Zukünftig soll dieser „Nutzwert-Journalismus" noch weiter in den Vordergrund treten. Es sollen verstärkt Serviceleistungen und Tipps, wie z.B. Börsennachrichten, Ärztedatenbanken, Informationen über neue Berufsbilder und auch Kino-, Theater-, Literatur- und Musikkritiken angeboten werden.

Mit dem Online-Angebot streben die Verantwortlichen eine Festigung der „Leser-Blatt-Bindung" sowie die Erschließung neuer Kundensegmente an.[397] Es wird also eine „Cross-Media-Strategie" verfolgt, mit dem Ziel, neue Leser, vor allem aus bisher nicht erreichbaren Bevölkerungsschichten sowie außerhalb des Freistaates Bayern, für die „Süddeutsche Zeitung" zu gewinnen. Dies schlägt sich zum einen in zahlreichen thematischen Querverbindungen zwischen den beiden Medien nieder. Zum anderen im Angebot eines kostenlosen Probeabonnements der gedruckten Tageszeitung auf „sueddeutsche.de", welches im Jahre 2001 allein 40.000 mal nachgefragt wurde.[398] Die redaktionellen Inhalte werden derzeit überwiegend kostenlos angeboten. Aber auch hier werden erste Schritte in Richtung direkte Erlösgenerierung durch Nutzergebühren unternommen. Beispielsweise beinhaltet das Online-Angebot seit August 2002 einen kostenpflichtigen SMS-Service mit Nachrichten („Breaking News") aus den Rubriken Wirtschaft, Politik und Sport. Die Erlösgenerierung erfolgt direkt und transaktionsabhängig. Eine SMS kostet den Nutzer ca. € 0,25. Dieser Betrag wird über die Mobilfunkabrechnung belastet. Beim Archivangebot ist zwischen dem eigenen Archiv des Online-Angebotes, in dem die Online-Artikel zum kostenlosen Abruf zur Verfügung stehen, und dem Angebot der Unternehmenstochter DIZ zu unterscheiden. DIZ steht für „Dokumentations- und Informations-Zentrum München GmbH" und ist ein Joint Venture des Bayerischen Rundfunks und der „Süddeutschen Zeitung". DIZ bietet auf „sueddeutsche.de" kostenpflichtig das „SZ-Abo-Archiv" an. Es enthält alle redaktionellen Beiträge sämtlicher Ausgaben (Deutschland, Bayern, München, diverse Landkreise und Nordrhein-Westfalen) der „Süddeutschen Zeitung"- von der aktuellen Ausgabe an ein Jahr zurückgehend. Zudem ist es möglich, die „Süddeutsche Zeitung"

---

396 Vgl. Struss, 2002, S. 16.
397 Vgl. Schlegel, 2002, S. 195.
398 Vgl. Struss, 2002, S. 16.

als Ganzseitenformat (PDF) abzurufen. Die privaten Nutzer können zwischen einem 3-monatigen „Schnupper-Abo“ und einem Jahresabonnement auswählen.[399] Bereits Anfang 2002 kündigte der Verlagschef der „Süddeutschen Zeitung“ ,Gasser, an, die Nutzer verstärkt dazu bringen zu wollen, „für unsere wertvollen Inhalte – zumindest teilweise – auch zu bezahlen“.[400] So soll bis Ende 2002 ein weiterer Teil des Online-Angebotes kostenpflichtig werden: die übernommenen Artikel aus der Printausgabe der „Süddeutschen Zeitung“.[401]

5.2.2.3 Ausprägung des Geschäftsmodells „Commerce“

5.2.2.3.1 Online-Werbung

Bereits knapp eineinhalb Jahre nach dem 1995 erfolgten Start ihres Online-Angebotes begann die Mediengruppe mit der Vermarktung von Online-Werbung.[402] Die Anzeigen werden seit April 2001, außer von der firmeneigenen Anzeigenabteilung, auch in Kooperation mit der externen Quality Channel GmbH, Hamburg vermarktet. Dieses Unternehmen wurde im Jahr 1998 durch den Spiegel-Verlag gegründet und ist eine Vermarktungsgemeinschaft für sog. „Premium-Werbeträger“ im Internet.[403] Heute werden neben den Internet-Angeboten des Spiegel-Verlages und „sueddeutsche.de“ dreizehn weitere Online-Angebote betreut, wie beispielsweise das der „Financial Times Deutschland“ oder der „Neuen Zürcher Zeitung“. Jeder Auftritt ist dabei einzeln belegbar und wird nach den Wünschen der Kooperationspartner abgerechnet. Die Bandbreite der Abrechnungs- beziehungsweise Belegungsmodalitäten reicht von der reinen TKP-Vermarktung über Zielgruppen- und Content- hin bis zur Einzeltitelvermarktung.[404] Mit monatlich 279 Mio. PageImpressions und 50,8 Mio. PageVisits (IVW 09/2002) gehört das Unternehmen heute zu den führenden Internet-Vermarktungsgemeinschaften in Deutschland.[405] Dabei bietet „sueddeutsche.de“ über die Fa. Quality Channel neben den klassischen Werbebannern eine umfangreiche Auswahl von weiteren Online-Werbeformen an. Die nachfolgende Tabelle enthält einige ausgewählte Beispiele:

399 Vgl. Dokumentations- und Informationszentrum, München, 2002a.
400 Hier zitiert nach Oberauer/Taitl, 2002, S.28.
401 Vgl. Brenner, 2002, S. 8.
402 Vgl. Schlegel, 2002, S. 200.
403 Vgl. o.V., 2001f, S. 66.
404 Vgl. Wegner, 1998, S. 66.
405 Datenbezug erfolgte unter „ivw-online“, zugegriffen am 10.10.2002.

Werbeform	Erklärung
Text im Newsletter	Newsletter sind journalistische Informationsdienste, die durch „sueddeutsche.de" regelmäßig per E-Mail an registrierte Nutzer versandt werden (ca. 159.000 Stück pro Woche). Die Werbebotschaft kann als Textanzeige in einem redaktionell affinen Umfeld platziert werden.
PopUp	Bei PopUps wird die Werbung in einem eigenen, im Vordergrund angezeigten Browser-Fenster aufmerksamkeitsstark präsentiert. Dieses Fenster öffnet sich automatisch innerhalb eines Online-Angebots und kann durch den Nutzer „per Klick" geschlossen werden. PopUps erzielen, laut Angaben der Fa. Quality Channel, eine überdurchschnittliche Aufmerksamkeit und zeichnen sich durch hohe AdClick-Raten aus.
Skyscraper	Skyscraper bezeichnen „wolkenkratzerähnliche" hochformatige Werbeflächen, die i.d.R. rechts neben dem „Content" platziert sind und vertikal über den gesamten Bildschirm laufen können. Die außergewöhnliche Größe sorgt für eine hohe Aufmerksamkeit und bietet ausreichend Platz für kreative Werbebotschaften.
Content Ad	Content Ads werden direkt im redaktionellen Umfeld einer Web-Site platziert und sind an mindestens drei Seiten von redaktionellen Inhalten umgeben. Durch die Integration in den Contentbereich wird eine starke Aufmerksamkeit für die Werbebotschaft erreicht. Content Ads sind vergleichbar mit Inselanzeigen im Printbereich.
Interstitial	Interstitials sind großformatige Werbeflächen, die auch als „Unterbrecherwerbung" bezeichnet werden. Sie sind flexibel steuerbar und lassen sich somit leicht individualisieren. Mit diesem Werbeformat können emotionale Werbebotschaften plakativ und einprägsam transportiert werden.
Streaming Ad	Streaming Ads sind interaktive Werbespots im Internet. Gestreamte Werbefilme werden über ein AdServer-System ausgeliefert und sind damit klickbar.
Sponsoring	Beim Sponsoring erhält der Werbetreibende die Möglichkeit, seinen Marken- oder Produktnamen innerhalb eines affinen redaktionellen Umfeldes von „sueddeutsche.de" zu plazieren. Name und Logo des Sponsors werden meistens durch den Zusatz "Powered by" oder einen Link in das redaktionelle Themenumfeld eingebunden.
Textlink	Textlinks sind Werbebotschaften im Textformat, die im redaktionellen Umfeld integriert werden.
Wallpaper (auf Anfrage)	Wallpaper bezeichnen Hintergründe, die das Corporate-Identity-Konzept der Kunden transportieren und somit den Wiedererkennungswert erhöhen. Die Gestaltung des Hintergrundes erfolgt als Kombinationsbuchung mit einem Bannerformat für mindestens eine Woche. Beide Elemente werden exklusiv eingebunden und sind bei jedem Seitenaufruf sichtbar.

Tab. 6: Online-Werbeformen auf „sueddeutsche.de" [406]

Wie ersichtlich, ist man bei „sueddeutsche.de" mit den angebotenen Werbeformen „ContentAd" und „Text-Link" ebenfalls dazu übergegangen, redaktionelle Inhalte und Werbebotschaften stärker in Bezug zu setzten. Ferner wird, wie bei Online-Werbeträgern derzeit vornehmlich üblich, eine erfolgsbasierte Werbung, die auf zu erzielenden Sichtkontakten (AdImpressions) basiert, angeboten. AdImpressions leiten sich aus den PageImpressions ab und beschreiben die Anzahl der erzielten Sichtkontakte, nicht

406 Vgl. Quality Channel, 2002a; vgl. Quality Channel, 2002b.

jedoch die tatsächliche Weiterleitung der Nutzer durch die Online-Werbung.[407] Der berechnete TKP (Tausender-Kontakt-Preis) stellt den Preis für 1000 AdImpressions dar. Das heißt die Werbekunden buchen für eine von ihnen definierte Zeitspanne eine gewisse Anzahl von Sichtkontakten, dabei variieren die TKP von Rubrik zu Rubrik zwischen 30 und 140 €. Wie hoch die Werbeumsätze sind, kann mangels veröffentlichter Zahlen nicht beantwortet werden. Fest steht jedoch, dass aufgrund der allgemeinen Überkapazitäten auf dem Online-Werbemarkt und der schleppenden Nachfrage die Preise für Werbeschaltungen bei „sueddeutsche.de" bereits im Jahr 2001 durchschnittlich um 22% gesenkt werden mussten.[408] Der Geschäftsführer, Sonst, sprach darüber hinaus in einem Interview im Frühjahr 2002 von „insgesamt schlechten" Werbeumsätzen.[409]

5.2.2.3.2 Online-Shop und Marktplatz

Der als „SZ-Shop" bezeichnete „Online-Shop" auf „sueddeutsche.de" wird derzeit überarbeitet. Bisher umfasst das Angebot neben verlagseigenen Produkten (Broschüren, CD-Roms und Büchern – wie etwa Serien aus der „Süddeutschen Zeitung" zu einem Schwerpunktthema) auch Freizeit- und Konsumartikel wie Taschen, Freisprechanlagen, Badetücher, T-Shirts, Regenschirme und Uhren. Die Mediengruppe Süddeutscher Verlag spricht dabei von allen firmeneigenen Online-Shops als einer „Merchandising-Aktivität".[410] Die angebotenen Freizeit- und Konsumartikel sind mit den Markenzeichen des jeweiligen Muttermediums versehen, im Falle des „SZ-Shops" also mit dem der „Süddeutschen Zeitung". Das lässt den Rückschluss zu, dass es sich hierbei um das sog. „spezielle Merchandising" handelt, einer Maßnahme, die der Absatzförderung zugeordnet wird. Dabei werden hochwertige Produkte von einem Markenrechteinhaber erworben und mit seinem Markenzeichen versehen. Dies soll der Stärkung der Imageposition des Markenzeichens und einer entsprechenden Aufmerksamkeitssteigerung dienen.

Diese Produkte werden dann in erster Linie bei verkaufsfördernden Aktionen, z.B. als Gewinne bei Preisausschreiben, als Werbegeschenk, zum Verkauf zum Selbstkostenpreis oder als Anzeigenprämien für die Abonnentenwerbung verwendet.[411] Da somit der firmeneigene Online-Shop lediglich als „Merchandising"-Instrument eingesetzt wird, ist davon auszugehen, dass das Erlöspotenzial des „SZ-Shops" noch nicht ganz ausgeschöpft wird. Es handelt sich vielmehr um einen weiteren Vertriebsweg für

---

407 Vgl. Gardon, 2000, S. 229 f.
408 Vgl. o.V., 2001g, S. 104.
409 Vgl. Struss, 2002, S. 16.
410 Süddeutscher Verlag, 2002g.
411 Vgl. Schneck, 1998, S. 498.

verlagseigene Publikationen und um ein absatzförderndes Instrumentarium durch das Verkaufen von Werbeartikeln.

Weiterhin beinhaltet „sueddeutsche.de“ einen so genannten „Marktplatz“. Dieser Teil des Angebots dient Unternehmen, etwa über Banken-, Fonds- und Versicherungsvergleiche, als Präsentationsplattform für Serviceangebote. Die anbietenden Unternehmen erzielen dabei Erlöse durch das Vermitteln von Vertragsabschlüssen, so dass vermutet werden kann, dass „sueddeutsche.de“ an den Umsätzen prozentual beteiligt wird, die über das Online-Angebot zustande kommen.

5.2.2.3.3 Datamining

Nach Angaben der Fa. Netpionier, Karlsruhe, einem auf Internetlösungen spezialisierten Softwareunternehmen, zu dessen Kunden die Sueddeutsche.de GmbH zählt, wird im Rahmen des Online-Angebotes seit dem Frühjahr 2002 ein sog. „Web Mining Server“ (Personalisierungsserver) eingesetzt. Die Nutzer von „sueddeutsche.de“, die sich freiwillig registriert haben, können sämtliche Online-Dienste des Nachrichtenportals (z.B. den Newsletter, die Anzeigenmärkte, den SMS-Dienst oder das Gewinnspiel) mit einem Login und Passwort durch das sog. „Single-Sign-On“ bedienen.[412] Ein individualisierter Informationsdienst wie „Daily me“ / „My site“, mit dem sich Nutzer die redaktionellen Startseiten eines Online-Angebotes nach Belieben zusammenstellen können, wird nicht angeboten.

Über die sog. „tracking points“ auf der Web-Seite kann das Zuggriffsverhalten der Nutzer inhaltlich ausgewertet, können Clikpfade verfolgt und somit detaillierte Aufschlüsse über das Nutzerverhalten gewonnen werden. Dadurch werden die Anbieter von „sueddeutsche.de“ in die Lage versetzt, den Erfolg ihrer Online-Dienste minutenaktuell zu messen und das Angebot besser an den Nutzerpräferenzen auszurichten. Darüber hinaus können die Daten für Statistiken ausgewertet werden und als Basis für Marketingaktionen und Managemententscheidungen dienen. Weiterhin können beim Einsatz des Personalisierungsservers Nutzerprofile generiert werden. Durch diese lässt sich die Online-Werbung, mittels gezieltem personalisiertem Werben („Targeting“), optimieren.[413] Demnach hat „sueddeutsche.de“ bereits die technologische Basis für den Einsatz von Dataming gelegt.

---

412 Vgl. o.V., 2002j, S. 60.
413 Vgl. Eßwein, 2002; vgl. Netpionier, 2002.

5.2.2.4 Ausprägung des Geschäftsmodells „Connection“

Auf „sueddeutsche.de“ werden nicht alle Varianten des Geschäftsmodells „Connection“ verfolgt. So „beherbergt“ die Nachrichtenplattform keine idealtypische „Community“. Den Nutzern ist es zwar nach einer erforderlichen Registrierung möglich, sich in moderierten Nachrichtenforen zu aktuellen Themen oder Beiträgen zu Wort zu melden. Synchrone Kommunikationsangebote wie beispielsweise „Chats“, die ein Wesensmerkmal einer „Community“ sind, werden jedoch nicht angeboten.[414] Der Grund hierfür liegt vermutlich darin, dass nur so eine vollständige inhaltliche Kontrolle der Web-Seiten durch die Redaktion gewährleistet werden kann.[415]

Ebenso wenig wird das Geschäftsmodell „Internet-Access“ verfolgt, denn das Online-Angebot bietet seinen Nutzern keinen physischen Zugang zum Internet an. Dafür wird der Fokus auf die Online-Rubrikenmärkte gelegt, die bereits seit dem Jahre 1996 neben den redaktionellen Inhalten auf der Nachrichtenplattform abrufbar sind.[416] Diese wurden in dem Jahr 1997 sowie in den Jahren 2001 bis 2002 einem Relaunch[417] unterzogen und heißen heute namentlich „immocenter“ (Immoblilienmarkt), „motorcenter“ (KFZ-Markt) und „jobcenter“ (Stellenmarkt).

Neben den Rubrikanzeigen werden umfangreiche redaktionelle Inhalte und zusätzliche Serviceleistungen (Bsp.: Mietspiegelrechner, Mustermietverträge, Umzugs-Checklisten, das Anlegen von Online-Bewerbungsmappen, Gehaltstests, Bewerbungsratgeber etc.) angeboten. Die Rubrikenmärkte im Internet sollen vom Image der Printmarke „Süddeutsche Zeitung“, ihrer Kompetenz und ihrer Marktposition im Rubrikengeschäft profitieren. So umfassen sie neben den reinen Online-Anzeigen auch alle Fließtextanzeigen der gedruckten Tageszeitung. Ziel ist es, mittelfristig bei den Stellen-, KFZ- und Immobilienanzeigen eine mit der „Süddeutschen Zeitung“ vergleichbare Marktposition zu erreichen.[418]

Der Geschäftsführer ging Anfang des Jahres 2002 davon aus, dass dieser Teil des Nachrichtenportals in drei Jahren den „Break-Even“ erreichen kann.[419] Besonders das „jobcenter“ ist unter strategischen Gesichtspunkten der wichtigste Online-Rubriken-

---

414 Zu dem Kernbestandteilen einer „Community“ zählen neben den Diskussionsforen nach Panten et al., auch „Chats“, über die sich die Mitglieder über den Themenfokus in Echtzeit austauschen können. (Vgl. Panten/Paul/Runte, 2001.)

415 Vgl. Schlegel, 2001, S. 199.

416 Vgl. Ebenda, S. 195.

417 Relaunch bezeichnet eine Produktvariation, bei der von einem bereits angebotenen Produkt eine oder mehrere Eigenschaften modifiziert und überarbeitet werden. Die alte Variante wird durch eine neue ersetzt, um so den geänderten Kundenbedürfnissen entsprechen zu können (vgl. Schneck, 1998, S. 619).

418 Vgl. Lehmann, 2002a.

419 Vgl. Struss, 2002, S. 16.

markt für die Sueddeutsche.de GmbH. Denn die „Süddeutsche Zeitung" ist seit gut 20 Jahren neben der „Frankfurter Allgemeinen Zeitung“, nach eigenen Aussagen der Marktführer im nationalen Stellengeschäft für Fach- und Führungskräfte.[420]

Gerade in diesem wichtigen Segment brachen die Anzeigenumsätze im Jahre 2002 um 50% ein, wodurch sich die derzeitige finanzielle Krise der Mediengruppe deutlich intensiviert hat. Mit dem „jobcenter“ will die Mediengruppe Süddeutscher Verlag die im Print-Stellengeschäft erworbene deutschlandweite Präsenz und Marktposition „online“ ergänzen und sichern. Es soll als Marktplatz von bundesweiter Bedeutung in den nächsten Jahren zu einer der marktführenden Internet-Jobbörsen im deutschsprachigen Raum werden und für Stellensuchende eine wichtige Alternative zu den bekannten Wettbewerbern (Bsp.: „Jobpilot“, „Stepstone“, „„Jobscout24“) bieten. Um dieses Ziel zu erreichen, wird das „jobcenter“ derzeit deutschlandweit mit einer umfangreichen Werbekampagne in verschiedenen Printmedien unterstützt.[421]

Abb. 11: Beispiel der Print-Werbekampagne für das „jobcenter“

Die Erlösgenerierung für die Online-Anzeigen ist dabei unterschiedlich gestaltet. Beispielsweise kann ein privater Nutzer im „motorcenter“ kostenlos Anzeigen schalten, im „immocenter“ hingegen nur gegen eine transaktionsabhängige Gebühr von 10 €. Für die gewerblichen Werbekunden sind alle Anzeigenschaltungen kostenpflichtig. Es gibt

420 Lehmann, 2002b.
421 Vgl. COMMUNICATION Presse und PR, 2002.

verschiedene Angebote, die sich nach Schaltungsumfang, -dauer und -positionierung unterscheiden. Zudem werden den gewerblichen Werbekunden sog. „Cross-Media-Pakete“ angeboten, die Werbeschaltungen in der gedruckten Ausgabe und im Online-Angebot beinhalten. Mittlerweile buchen bereits 20% der gewerblichen Werbetreibenden der „Süddeutschen Zeitung“ ausschließlich die kostenpflichtigen Anzeigen im Online-Rubrikenmarkt. Im Immobiliensegment werden mit steigender Tendenz sogar 40% aller Anzeigen ausschließlich „online“ geschaltet.[422]

5.2.3 Ausgewählte Geschäftsmodelle der Mediengruppe im „B-to-B“-Markt

5.2.3.1 Geschäftsmodell „Content-Syndication“

Die Mediengruppe Süddeutscher Verlag ist durch die Unternehmenstochter „Dokumentations- und Informationszentrum München GmbH“ (DIZ) im Geschäftsmodell „Content-Syndication“ tätig. DIZ ist, wie bereits erwähnt, ein Joint Venture der Mediengruppe Süddeutscher Verlag und des Bayerischen Rundfunks.[423] Das Unternehmen nahm 1998 seinen Betrieb auf und verfügt heute über ein sehr umfangreiches Leistungsspektrum.

Neben der Bereitstellung des „SZ-Abo-Archivs“ auf „sueddeutsche.de“ ist DIZ beispielsweise ein Partner der „Genios-Wirtschaftsdatenbank“ des Holtzbrinck-Verlages. Zudem vermarktet und verwaltet DIZ das Pressearchiv des Bayerischen Rundfunks und das Text- und Bildarchiv der Süddeutschen Zeitung. Daneben betreibt DIZ den Medienport, eine der großen öffentlich zugänglichen Pressedatenbanken in Deutschland und ist maßgeblich am Archiv der Presse (AdP / „archivderpresse.com“) beteiligt. Sowohl Firmen- als auch Privatkunden wird dabei ein kostenpflichtiger Zugang zu den jeweils gewünschten Informationen ermöglicht. In Übersicht 12 findet sich das Leistungsspektrum nochmals zusammengefasst.

Auch der Entwicklung in Richtung „mobiler Content“ trägt das Unternehmen Rechnung. Es ist gemeinsam mit dem Mobilfunkbetreiber E-Plus und dem IT-Konzern Sun Microsystems am Aufbau einer mobilen Infrastruktur für „Location Based Services“ beteiligt, um so zukünftig einen UMTS-basierten Informationsdienst für Geschäftskunden anbieten zu können.[424]

---

422 Vgl. Saal, 2002, S. 37.
423 Vgl. o.V., 1998, S. 20.
424 Vgl. o.V., 2002k, S. 28.

DIZ- Dokumentations-und Informationszentrum, München	
Archive	
DIZ-Medienport, SZ-Abo Archiv, und Recherchedienste	Das Online-Archiv bietet Firmen- und Privatkunden neben den redaktionellen Beiträgen der „Süddeutschen Zeitung“ Beiträge einer Vielzahl von weiteren Tageszeitungen sowie Publikums- und Fachzeitschriften an, und verfügt zudem über einen Recherchedienst.
„Content4Partners“	
SV-Bilderdienst	Dieser Dienst richtet sich an professionelle Abnehmer, wie beispielsweise Journalisten und andere Verlagsunternehmen. Das Angebot umfasst dabei über 2 Mio. Bilder.
Syndication (print and online)	Dieser Geschäftsbereich stellt sowohl einzelne Artikel als auch komplette Beiträge mit Text und Bild (Dossier) zum Nachdruck und zur Veröffentlichung im Internet bzw. Intranet zur Verfügung.
Intranet-Abo	Gewerblichen Nachfragern werden die Artikel der „Süddeutschen Zeitung“, der „Abendzeitung“ sowie Publikationen des Europa Fachpresse Verlags am Erscheinungstag für die Speicherung und Recherche im firmeneigenen Intranet bereitgestellt.

Abb. 12: Geschäftsfelder der Unternehmenstochter „DIZ“ [425]

Obwohl das Unternehmen im Jahr 2000 noch rote Zahlen geschrieben hat,[426] ist davon auszugehen, dass es sich langfristig um eine erfolgreiche und zugleich strategisch wichtige Unternehmung handelt, denn hier bündelt die Mediengruppe ihre „Content“-Vermarktung und tritt zudem bereits als medienneutraler Informationsdienstleister auf.

5.2.3.2 Beispiel einer horizontalen Kooperation

Als Beispiel einer horizontalen Kooperation, die die Mediengruppe Süddeutscher Verlag im Bereich „Content Syndication“ eingegangen ist, kann die Presse-Monitor Deutschland GmbH & Co. KG (PMG) genannt werden. Neben dem Süddeutschen Verlag sind hier auch der Axel Springer Verlag, Hubert Burda Media, die „Frankfurter Allgemeine Zeitung“, die Gruner & Jahr AG, der SPIEGEL-Verlag, die Verlagsgruppe Handelsblatt sowie der Bundesverband Deutscher Zeitungsverleger e.V. und der Verband Deutscher Zeitschriftenverleger e.V. beteiligt. Seit April 2001 bietet die PMG elektronische Pressespiegel für Firmenkunden, Behörden und Verbände an. Den beteiligten Zeitungs- und Zeitschriftenverlagen eröffnet die PMG einen Weg, über einen Angebotspool Interessenten gegen Entgelt die Erstellung eines elektronischen Pressespiegels zur aktuellen Informationsversorgung zu ermöglichen.

Der Nutzwert für die Kunden soll dabei in der Zeit- und Kostenreduktion liegen, die für die aufwendige manuelle Erstellung von Pressespiegeln anfallen würden. Das Ziel

425 Vgl. Dokumentations- und Informationszentrum, München, 2002b.
426 Informationsbezug durch den Recherchedienst „gbi.de“ am 14.11.2002.

der angeschlossenen Verlage ist eine Kompensation der stagnierenden Printabsätze und Werbeinnahmen durch einen zusätzlichen Vertriebskanal.[427] Dabei überspielen die Verlage ihre aktuellen Artikel bis sechs Uhr morgens am Erscheinungstag auf die PMG-Datenbank. Nach der Verarbeitung können Kunden die ausgewählten Artikel ab sieben Uhr abrufen und in das firmeneigene Intranet stellen.

Die Preise für die Nutzung eines Artikels hängen von der Größe der Lesergruppe ab. Die Grundpreise variieren zwischen 1,50 und 10 € pro Artikel. [428] Die Verlage erhalten eine Umsatzbeteiligung von 60%. Heute arbeiten bereits über hundert Tageszeitungen und über 40 Zeitschriften mit der PMG zusammen. Drei Jahre, so schätzte der Geschäftsführer Diesing im Jahre 2001, würde das Unternehmen brauchen, um den „Break-Even" zu erreichen. Finanziert wird der Online-Dienst durch die Gesellschafter mit einem Investitionsvolumen von ca. 5 Mio. €.[429]

5.2.3.3 Beispiel einer diagonalen Kooperation

„AutoCert" ist eine Gebrauchtwagenbörse im Internet, welche im Jahre 2001 ihren Betrieb aufnahm, ein Joint Venture der Unternehmenstochter SV-Online GmbH und dem TÜV Süddeutschland. Hier kooperiert die Mediengruppe im Bereich der Rubrikenanzeigen mit einem ehemals branchenfremden Unternehmen. Dabei agiert „AutoCert" vollkommnen eigenständig, denn eine Verknüpfung mit dem Online-Rubrikenmarkt („motorcenter") auf „sueddeutsche.de" besteht derzeit nicht.[430] Refäuter, Sprecher der Geschäftsführung der Mediengruppe, äußerte sich in einem Interview zu den Vorteilen dieser Kooperation:

> *„Wir haben mit dem TÜV einen Partner, der uns etwas bietet, was wir nicht haben. Der TÜV bringt eine stationäre Präsenz mit, er betreibt allein in Süddeutschland über 300 Stationen [„TÜV-Prüfstationen" A.d.V.]. Durch diese Präsenz ergeben sich erhebliche Aktivierungschancen auf dem Markt des Online-Gebrauchtwagenhandels. Viele, die mit ihren Autos zum TÜV kommen, sind in hohem Maße verkaufsbereit. Hier besteht eine Chance, diese Leute zu fragen: Möchten Sie nicht die Verkaufsanzeige bei AutoCert platzieren? Der TÜV bietet auch an, das Auto nach technischer Prüfung zu zertifizieren. Das gibt wiederum Gebrauchtwagenkäufern im Internet größere Sicherheit".* [431]

Das Kernstück von „AutoCert" ist dabei ein wochenaktueller Marktplatz für Gebraucht- und Jahreswagen, auf dem das Unternehmen bis zu 15.000 KFZ-Inserate pro Woche

---

427 Vgl. Ziegert, 2001, S. 15.
428 Vgl. Pressemonitor, 2002.
429 Vgl. Ziegert, 2001, S. 15.
430 Vgl. Fröhlich, 2001, S.76.
431 Hier zitiert nach Krenn/Braunschweig, 2001, S. 81.

anbieten kann und der zudem über 1.500 Autohändler als ständige Kunden verfügt.[432] Neben der Gebrauchtwagenbörse bietet „AutoCert" auch ein Online-Magazin mit Fahrberichten, Reportagen sowie Ratgeberthemen aus den Bereichen Finanzierung, Recht und Autokauf an.[433]

Von den ursprünglichen Zielen, bis 2003 die Gewinnschwelle zu erreichen sowie im gleichen Zeitraum das führende Auto- und Mobilitätsportal im deutschsprachigen Raum zu werden, ist „AutoCert" jedoch weit entfernt.[434] Denn imVergleich zu den Branchenführern, wie etwa „Mobile.de", „Autoscout24.de" oder „Auto.T-Online.de", spielt das Unternehmen auch knapp zwei Jahre nach seiner Einführung nur eine untergeordnete Rolle.[435] Auch die eingegangene Kooperation mit dem reichweitenstarken Partner Microsoft-Network („msn.de"), der das Angebot seit September 2001 in der eigenen Autobörse „MSN Carview" europaweit integriert, hat die Ertragslage des Unternehmens anscheinend nicht wesentlich verbessern können. Ein Teil des Personals musste zwischenzeitlich abgebaut werden. Darüber hinaus beraten die beiden Gesellschafter gegenwärtig, ob das Joint Venture in naher Zukunft nicht gänzlich eingestellt werden muss.[436]

5.2.3.4 Mediengruppe Süddeutscher Verlag als „Service-Provider"

Die Mediengruppe Süddeutscher Verlag ist durch die 1977 gegründete Unternehmenstochter SÜD-DATA Systemhaus GmbH, München auch im „Service-Providing" aktiv. Nachfolgende Abbildung gibt einen vereinfachten Überblick über das dort angebotene Leistungsspektrum.

Zum einen übernimmt die SÜD-DATA GmbH innerhalb der Mediengruppe Süddeutscher Verlag für die anderen Geschäftsfelder wesentliche Servicefunktionen, wie beispielsweise die Betreuung der Großrechner- und Serveranlagen sowie der firmeninternen Netzwerke, die technische Unterstützung von über 2000 Konzernmitarbeitern und die Abwicklung des digitalen Zeitungsproduktionsprozesses.[437] Zum anderen ist sie seit dem Jahr 2000 auch außerhalb der Mediengruppe tätig, indem sie konzernfremde Kunden, hauptsächlich aus der Verlagsbranche, mit diversen Dienstleistungen bei der elektronischen Informationsverarbeitung unterstützt.

---

432 Vgl. Posny, 2001, S. 14.
433 Vgl. Zoubek, 2001, S. 13.
434 Vgl. o. V., 2002l, S. 29.
435 Vgl. Schmidt, 2002, S. 18.
436 Vgl. o.V., 2002l, S. 29.
437 Vgl. Süddeutscher Verlag, 2002h.

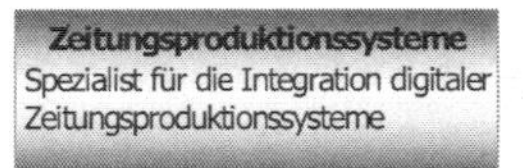

Abb. 13: Leistungsspektrum der SÜD-DATA GmbH [438]

Insbesondere durch das Angebot von Zeitungsproduktions- und Vertriebssystemen konnten neue Kunden gewonnen werden. Hierzu zählen beispielsweise die „Frankfurter Rundschau", die „Augsburger Allgemeine Zeitung" oder auch die „Stuttgarter Zeitung". Die Mediengruppe hat sich demnach ein erfolgreiches Standbein außerhalb des eigentlichen Verlagsgeschäftes aufgebaut. Sie kann zudem verlagsintern über technische Kernkompetenzen verfügen.

5.3 Die Zeitungsgruppe Stuttgart

Auch die Geschichte der Zeitungsgruppe Stuttgart geht auf das Ende des Zweiten Weltkrieges zurück. Am 17. September 1945 erfolgte die erste Lizenzvergabe zur Herausgabe einer Nachkriegstageszeitung in Württemberg, der „Stuttgarter Zeitung", durch John B. Stanley von der US-Nachrichtenkontrolldivison an Karl Ackermann, Henry Bernhard und Josef Eberle. Sie trat damit die direkte Nachfolge des im März 1943 nach über 100 Jahren Erscheinungsgeschichte eingestellten „Stuttgarter Neues Tagblatt" an. Doch bereits im ersten Jahr ihrer Zusammenarbeit trennten sich die Wege der drei Lizenzträger. Ackermann wechselte zum „Mannheimer Morgen" und Bernhard gründete im am 12. November 1946 gemeinsam mit Erwin Schöttle und Otto Färber die „Stuttgarter Nachrichten".[439] Dadurch wurde der Grundstein für die publizistische Vielfalt in der späteren Landeshauptstadt des 1952 neu gegründeten Bundeslandes Baden-Württemberg gelegt.

---

438 Vgl. Süd-DATA, 2002.
439 Vgl. Fehrenbach, 1996, S. 5.

Während der Pressekonzentrationsphase verschlechterte sich die finanzielle Situation der „Stuttgarter Nachrichten“ nachhaltig, sodass 1974 eine Zusammenführung der beiden Verlagsgesellschaften zur „Zeitungsgruppe Stuttgart“ erfolgte. Seither kooperieren beide Tageszeitungen in der Verwaltung, im Vertrieb und in der Druck- und Satztechnik. 1979 erfolgte die Zusammenlegung des Anzeigenmarktes sowie knapp zwei Jahrzehnte später, im Jahre 1997, die Gründung der gemeinsamen Online-Tochtergesellschaft („Stuttgart Internet Regional GmbH“).

Beide Tageszeitungen verfügen bis heute über eigene Redaktionen, die strikt getrennt voneinander agieren und zwischen denen ein hoher journalistischer Wettbewerb besteht. Während die „Stuttgarter Nachrichten“ auf die lokale bzw. regionale Berichterstattung fokussiert und ihren Mantel für 18 weitere regionale Tageszeitungen bereitstellt, wird die „große Schwester“ im Markt als „die führende Zeitung in Baden-Württemberg“ positioniert. Sie ist das „Flagschiff“ der Stuttgarter Zeitungsgruppe, das sich aufgrund des hohen publizistischen Anspruches auch überregionaler Beachtung erfreut. Beide Tageszeitungen erreichen derzeit gemeinsam mit den diversen Mantelpartnern der „Stuttgarter Nachrichten“ eine Auflagenhöhe von ca. 560 000.[440]

Heute ist die Südwestdeutsche Medienholding GmbH (SWMH), die, wie im vorausgegangenen Fallbeispiel bereits dargelegt, seit Ende 2002 auch eine Beteiligung an der „Süddeutschen Zeitung“ in Höhe von 18,75% hält, die übergeordnete Gesellschaft der Zeitungsgruppe Stuttgart. Die SWMH ist zu 75% an der „Stuttgarter Zeitung“ und zu 80% an den „Stuttgarter Nachrichten“ beteiligt. Daneben hält die SWMH an 20 weiteren Regionalzeitungen Beteiligungen.[441] Hauptgesellschafter der Holding sind wiederum mit 44,36% die Medien-Union GmbH, Ludwigshafen (sie ist u. a. Herausgeber der Tageszeitungen „Die Rheinpfalz“ und „Freie Presse“). Weitere 44,36% hält die Gruppe Württembergischer Verleger. Durch einen Anteil von 4,9% an der jährlichen Gesamtauflage des Tageszeitungsmarktes (Stand: 2002) ist die komplex strukturierte Holding mit ihrem weit gestreuten Beteiligungsportfolio sowie ihre übergeordneten Gesellschafter, nach der Axel Springer AG und der Verlagsgruppe WAZ, der drittgrößte Herausgeber von Tageszeitungen in der Bundesrepublik (siehe hierzu auch Tab. 2).

Im Jahre 2001 erwirtschaftete die SWMH 282 Millionen Euro und erwartete auch für das krisengeschüttelte Geschäftsjahr 2002, laut Prognose der „Frankfurter Allgemeine Zeitung“, weiterhin eine Umsatzrendite im zweistelligen Bereich.[442] Diese positive und derzeit eher branchenuntypische Entwicklung ist vor allem darauf zurückzuführen, dass Experimente außerhalb des eigentlichen Kerngeschäftes, wie diese beispielsweise von

440 Datenbezug erfolgte unter „ivw-online.de“ am 02.06.2003.
441 Vgl. o.V., 2002m, S. 18.
442 Vgl. o.V., 2002n, S. 14.

einigen Wettbewerbern in den 1990er Jahren durch einen kapitalintensiven und oftmals wirtschaftlich erfolglosen Einstieg in das Privatfernsehen durchgeführt wurden, für die Verantwortlichen der Holding nicht in Frage kamen. Dadurch konnten Verluste vermieden und hohe Rücklagen gebildet werden.[443]

Auf Informationen über weitere Geschäftsfelder der Zeitungsgruppe Stuttgart bzw. der übergeordneten SWMH konnte nicht zugegriffen werden. Dies korrespondiert mit dem Image der SWMH, die in der Medienberichterstattung auch als „stiller Riese aus Südwest" bezeichnet wird.[444] Fest steht jedoch, dass zu den Geschäftsfeldern der Holding, neben den Beteiligungen an diversen Regionalzeitungen, u.a. auch die zweitstärkste Sonntagszeitung in der Bundesrepublik „Sonntag Aktuell" (1.034.731 IVW/01/2003) und das TV-Supplement „Illustrierte Wochenzeitung" (IWZ) (1.748.511 IVW/01/2003) zählen. Darüber hinaus besteht eine Beteiligung an dem privaten Hörfunksender „Hit-Radio Antenne 1", Stuttgart.

5.3.1 Online-Engagement der Zeitungsgruppe Stuttgart

Die Zeitungsgruppe Stuttgart hat sich für die Übernahme von technologischen Innovationen stets frühzeitig offen gezeigt, so erfolgt beispielsweise der Zeitungsproduktionsprozess im Hause seit 1976 auf rein elektronischem Wege. Darüber hinaus lag ein Engagement im BTX-System in den 80er Jahren vor. Auch die Entwicklung des Internet wurde von den Verantwortlichen von Anfang an sehr genau verfolgt. „Selbstverständlich hätten wir bereits 1995 ‚online' gehen können, wir hatten uns jedoch entschieden, die weiteren Entwicklungen des neuen Mediums vorerst noch abzuwarten"[445] so Weber, der Geschäftsführer der Stuttgart Internet Regional GmbH (SIR), die, wie eingangs angeführt, 1997 gegründet wurde und seither beide Online-Angebote, das der „Stuttgarter Zeitung" („stuttgarter-zeitung.de") und der „Stuttgarter Nachrichten" („stuttgarter-nachrichten.de") durch erzielte Synergien kostengünstiger betreibt. Die Gesellschafter der SIR sind dabei die „Stuttgarter Nachrichten" mit 35% und die „Stuttgarter Zeitung" mit 65%.

Heute arbeiten 14 Mitarbeiter für die SIR. Zur Gesellschaft gehören weiter die siebenköpfige Online-Redaktion, die Geschäftsführung und die Verantwortlichen für technische Fragen und Produktion. Die Mitarbeiter betreuen darüber hinaus ein weiteres Online-Angebot der SIR: Die regionale Suchmaschine „Webbes – Baden-Württemberg

443 Vgl. Rosenbach/Schulz, 2002, S. 88.
444 Vgl. Ebenda, S. 88.
445 Quelle: Interview mit Roland Weber, Geschäftsführer der Stuttgart Internet Regional GmbH, am 15.05.2003.

im Internet" („webbes.de").[446] Diese Suchmaschine, die sich durch Werbeeinnahmen finanziert und dem Geschäftsmodell „Context" zugeordnet werden kann, ging aus einem Gemeinschaftsprojekt der Hochschule für Bibliotheks- und Informationswesen Stuttgart (HBI) und der Medien- und Filmgesellschaft Baden-Württemberg (MFG) hervor und wurde nach drei Jahren 1999 durch die SIR übernommen.[447] Heute werden die Datenbanken von „Webbes" durch die SIR zwar gepflegt und aktualisiert, jedoch wird die Online-Suchmaschine nicht aufwendig vermarktet.[448] Dies ist vermutlich auf die hohe Wettbewerbsintensität, die dem Geschäftsmodell „Context" zugrunde liegt, und auf das damit einhergehende niedrige Erlöspotenzial zurückzuführen (siehe hierzu auch Abschnitt 4.4.2).

5.3.2 Geschäftsmodelle im „B-to-C"-Markt der Zeitungsgruppe Stuttgart

5.3.2.1 Geschichte und Nutzung von „stuttgarter-nachrichten.de/stuttgarter-zeitung.de"

In den Abendstunden des 1. August 1997 war die Zeitungsgruppe Stuttgart erstmalig mit einem eigenen Online-Angebot im Internet präsent.[449] „Das Konzept unserer Online-Präsenz war von Anfang sehr gut durchdacht, sie wies zu keiner Zeit ‚Baustellen' auf".[450] Weber spielt damit auf die notwendigen Lernprozesse in Bezug auf das neue Medium an, die die Protagonisten der Branche zwangsläufig durchlaufen mussten und deren Fehler nachfolgende Wettbewerber vermeiden konnten. Die anvisierten Ziele dieser ersten „Online-Phase", wie Weber sie bezeichnet, waren auch bei der SIR angestrebte Imageverbesserungen durch innovatives Handeln, die Gewinnung junger Rezipienten für die beiden gedruckten Muttermedien und die Sicherung von Marktanteilen. Damals hätte man das Online-Angebot noch eher als ein neues Marketinginstrument betrachtet, heute wäre es ein vollkommen eigenständiges Medienangebot. In der gegenwärtigen zweiten „Online-Phase" gehe es in der Branche nun primär darum, durch die Online-Angebote einen wirtschaftlichen Erfolg zu erzielen.[451] Zur Nutzungsentwicklung des Online-Angebotes lässt sich festhalten, dass diese als sehr positiv zu bezeichnen ist, wie die nachfolgende Grafik (Abb. 14) verdeutlicht.

---

446 Webbes in assoziativer Verknüpfung zum schwäbischen „Ebbes", was für „etwas" steht.

447 Vgl. o.V., 1999b, S. 30.

448 Quelle: Interview mit Roland Weber, Geschäftsführer der Stuttgart Internet Regional GmbH, am 15.05.2003.

449 Die Online-Angebote der SIR („stuttgarter-nachrichten.de" und „stuttgarter-zeitung.de") sind bei „ivw-online" als Einheit gelistet und finden im Folgenden eine dementsprechende Berücksichtigung.

450 Quelle: Interview mit Roland Weber, Geschäftsführer der Stuttgart Internet Regional GmbH, am 15.05.2003.

451 Ebenda.

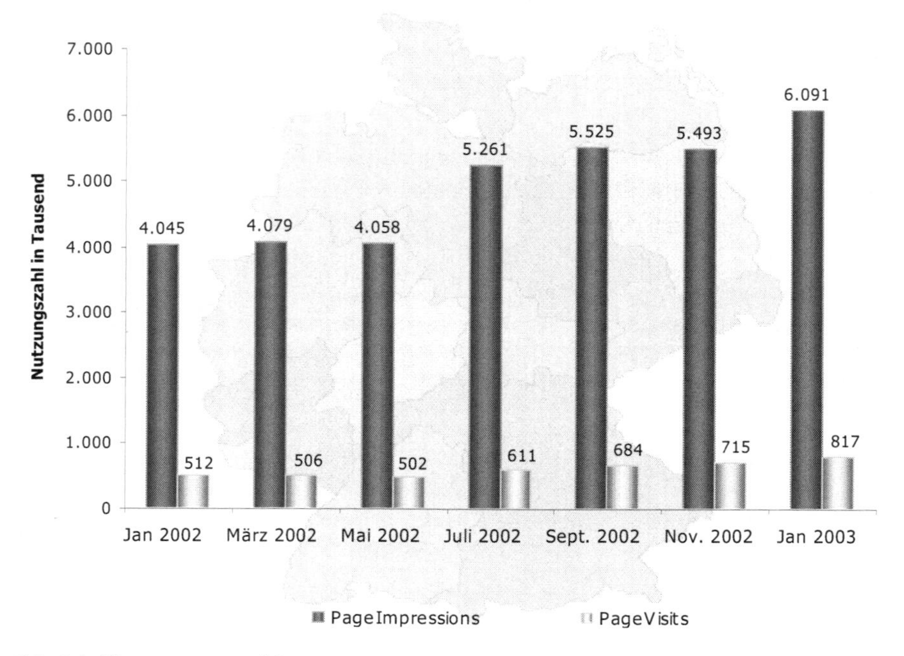

Abb. 14: Nutzungsentwicklung von „stuttgarter-nachrichten.de/stuttgarter-zeitung.de“[452]

So stieg die Zahl der erzielten PageVisits im vorliegenden Zeitraum um ca. 60%, die PageImpressions konnten parallel einen Anstieg um ca. 48% verzeichnen. Die hausinterne Browseranalyse ergab, dass 85-90% der Nutzer aus dem Großraum Stuttgart zugreifen. Nach einer Schätzung des Geschäftsführers sind heute darüber hinaus 50-60% „Doppelnutzer“, also gleichzeitig Leser der beiden gedruckten Stuttgarter Tageszeitungen. Circa 30-40% hingegen wären „internetaffine“, überwiegend regionale aber auch überregionale und internationale Nutzer, die über kein Abonnement der gedruckten Tageszeitungen verfügen würden.

Detaillierte Aussagen über die soziodemografischen Merkmale der Nutzer, und damit auch über ihren „Vermarktungswert“ als Zielgruppe für Online-Werbung, sind nicht bekannt. Werbeschaltungen auf den beiden Online-Angeboten der Zeitungsgruppe dürften jedoch für transaktionssuchende Unternehmen, wie bei „sueddeutsche.de“, attraktiv

452 Eigene Auswertung / der Datenbezug erfolgte unter www.ivw-online.de/ zugegriffen am 25.05.03.

sein, da die zugreifenden Nutzer überwiegend einer wirtschaftlich starken Region zugerechnet werden können, deren Bevölkerung sich im Bundesvergleich durch eine erhöhte Kaufkraft auszeichnet.[453]

5.3.2.2 Ausprägung des Geschäftsmodells „Content"

Das Online-Angebot der Stuttgarter Zeitungsgruppe kann branchenentsprechend primär dem Geschäftsmodell „Content" zugeordnet werden. Bei der IVW-Online ist es unter der Kategorie „Zeitungsangebot im General-Interest-Bereich" gelistet.

Beide Angebote unterscheiden sich neben dem Logo und Farbeinsatz einzig durch die täglich von den gedruckten Muttermedien übernommen Nachrichtenartikeln, wie dies beispielsweise aus den Markierungen in den folgenden Abbildungen der Einstiegsseiten ersichtlich wird.

Die siebenköpfige Online-Redaktion der Stuttgart Internet Regional GmbH ist, anders als im traditionellen Printmarkt, inhaltlich für beide Online-Angebote zuständig. Das publizistische Angebot wird dabei täglich im Stundentakt von 8.00 Uhr bis 19.00 Uhr aktualisiert. Die 19 angebotenen Rubriken umfassen neben den traditionellen Rubriken wie Aktuelles aus der Region, Politik, Sport und Wirtschaft auch Serviceangebote aller Art (bspw. umfangreiche Veranstaltungshinweise). Darüber hinaus stellen beide Online-Angebote auch die Dachmarke für die drei gemeinsamen Online-Rubrikenmärkte im Stellen-, KFZ-, und Immobilienmarkt dar.

---

453 Die Kaufkraft in Baden-Württemberg betrug im Jahre 2000 knapp 32 000 Mark je Einwohner, der Bundesdurchschnitt lag bei 30 000 Mark. (vgl. Bundesministerium des Inneren/IT-Stab-Projektgruppe BundOnline 2005 (Hrsg.), 2003.

Abb. 15: Einstiegsseite von „stuttgarter-zeitung.de"

Abb. 16: Einstiegsseite von „stuttgarter-nachrichten.de"

Im Oktober 2001, vier Jahre nach ihrem Start, erfuhr die Online-Präsenz einen Relaunch und bekam neben einem neuen Design zusätzliche Inhalte und neue Serviceangebote, wie beispielsweise eine Schnittstelle zum „Homebanking" der Landesbank Baden-Württemberg. Für ihre „richtungsweisenden redaktionellen Inhalte und ihre hervorragende Navigation" wurde die Online-Redaktion, neben dem Hörfunksender „Radio Regenbogen", Mannheim („regenbogenweb.de") und dem Musikportal „laut.de", Konstanz, mit dem Preis des erstmalig in Baden-Württemberg ausgeschriebenen Wettbewerbs „Online-Redaktion 2002" ausgezeichnet.[454] Wie bei „sueddeutsche.de" wird durch beide Online-Angebote heute eine „Cross-Media-Strategie" verfolgt.

Ziel ist es sowohl, neue und bestehende Rezipienten als auch Werbetreibende für die traditionellen Medien und das Online-Angebot zu gewinnen beziehungsweise stärker an sich zu binden. So hat sich das eigene Online-Angebot, laut Geschäftführer Weber, mittlerweile auch zur effektivsten Art der Neukundengewinnung für die gedruckten Tageszeitungen entwickelt. Im Jahr 2002 wären ca. 15.000 Probeabonnements für die „Stuttgarter Zeitung" und die „Stuttgarter Nachrichten" durch die Nutzer nachgefragt worden, davon hätten sich ca. 800 in dauerhafte Abonnements gewandelt. [455]

Der „Content" wird von beiden Online-Angeboten derzeit kostenlos zur Verfügung gestellt. Auch in den Archivdatenbanken können die Nachrichtenartikel der letzten vierzehn Tage kostenlos abgerufen werden. Bis zum Sommer 2003 ist die Einführung des Angebots eines kostenpflichtigen „E-papers",[456] das die gedruckten Tageszeitungen abbildet, geplant. Der angesetzte Bezugspreis für das digitale Abonnement wird sich im Vergleich zum Print-Abonnement monatlich um rund 6-7 € reduzieren, da die anfallenden Verbindungsgebühren der Nutzer für den notwendigen „Download" eine Berücksichtigung finden. Es sind also auch hier erste Schritte in Richtung einer direkten Erlösgenerierung durch die Nutzer zu sehen.

5.3.2.3 Ausprägung des Geschäftsmodells „Commerce"

Mit der Vermarktung werblicher Dienstleistungen für den Inserentenmarkt begann man bereits mit dem Markteintritt. Bemerkenswert ist, dass die Stuttgarter Zeitungsgruppe, noch bevor sie über ein eigenes Online-Angebot verfügte, im Dezember 1996 zu den Gründern der Vermarktungsgemeinschaft Online-Marketing-Service-Gesellschaft (OMS) zählte,[457] welche bis heute, neben der hausinternen Anzeigenabteilung, beide

---

454 Vgl. Landesanstalt für Kommunikation Baden-Württemberg, 2002.

455 Quelle: Interview mit Roland Weber, Geschäftsführer der Stuttgart Internet Regional GmbH am 15.05.2003.

456 Firmenintern spricht man bei der SIR von einem „Digi-Paper."

457 Vgl. o.V., 1996b, S. 12.

Online-Angebote vermarktet. Über das derzeit angebotene Leistungsspektrum im Online-Werbemarkt gibt die Abbildung 17 Auskunft.

Auch bei der SIR buchen Werbetreibende auf der Basis von zu erzielenden ADImpressions, über deren erzielten Stand sie sich täglich mittels eines ADReportings informieren können. Weiterhin ist sichtbar, dass für das Online-Angebot weniger Varianten von Online-Werbung zur Auswahl stehen als auf „suedddeutsche.de“. Hauptsächlich auf Werbeformen, die redaktionelle Inhalte und Werbebotschaften stärker in Bezug setzen (z.B. „Textlink“, „Text im Newsletter“, „Content Ad“), wird verzichtet. Ferner sieht Geschäftsführer Weber das wirtschaftliche Potenzial von „Targeting“ im Allgemeinen als überbewertet an. So erfolgt bei der SIR auch keinerlei kommerzielle Verwertung von Nutzerprofilen.[458]

Welchen Beitrag die Erlöse aus der Online-Werbung zum Gesamtergebnis der SIR leisten, muss auch hier mangels nicht vorliegender Informationen unbeantwortet bleiben. Das eigentliche Erlöspotenzial von Online-Werbung wertet man bei SIR jedoch sehr positiv. Geschäftsführer Weber prognostiziert, dass sich erfolgreiche Online-Angebote der Tageszeitungsbranche in Zukunft bis zu 50-70% aus Werbeeinnahmen refinanzieren könnten.[459] Abschließend gilt es noch darauf hinzuweisen, dass das Online-Angebot keinen Online-Shop einbindet.

---

458 Quelle: Interview mit Roland Weber, Geschäftsführer der Stuttgart Internet Regional GmbH am 15.05.2003.

459 Ebenda.

Skyscraper	**Banner**
Belegungseinheiten: 19 Rubriken *TKP: €60-85*	Belegungseinheiten: 19 Rubriken *TKP: €10-35*

Promotionsflächen	**Pop-Ups**

Belegungseinheiten: 19 Rubriken
TKP: €12-35

Belegungseinheiten: 19 Rubriken
TKP: €80-115

Abb. 17: Online-Werbeformen auf „stuttgarter-nachrichten.de /stuttgarter-zeitung.de“ [460]

5.3.2.4 Ausprägung des Geschäftsmodells „Connection“

5.3.2.4.1 „Customer Exchanges“

Auch die SIR bietet nicht alle der zuvor im Theorieteil dargestellten Varianten des Geschäftsmodells „Connection“ an. So verfügt das Online-Angebot zwar über einen sog. „Interaktiv-Bereich“. Indem ähnlich wie auf „sueddeutsche.de“, den Nutzern angeboten wird, sich über verschiedene Foren auszutauschen (beispielsweise über politische, kulturelle und sportliche Themen rund um die Region Stuttgart). Darüber hinaus werden in regelmäßigen Abständen „Chats“ mit Persönlichkeiten aus Politik und Showbusiness

460 Stuttgarter Nachrichten, 2003.

veranstaltet, die den Nutzern interaktiv Rede und Antwort stehen. Allerdings sind diese zeitlich begrenzt und moderiert, so dass sich feststellen lässt, dass man auch bei der SIR einen hohen Wert auf die inhaltliche Kontrolle der Web-Seiten durch die Redaktion legt und die Möglichkeiten des Geschäftsmodells „Community“ (vgl. Abschnitt 4.4.4.1) nur teilweise realisiert sind. Der Fokus im Geschäftsmodell „Connection“ wird auf die Online-Rubrikmärkte im Bereich Stellen-, Immobilien- und KFZ-Markt gelegt. Diese werden abgerundet durch Testberichte im KFZ-Markt und Ratgeber rund um die Themen „Beruf und Karriere“ sowie „Wohnen und Bauen“. Sie beinhalten alle Anzeigen der beiden gedruckten Tageszeitungen, die, wie eingangs angemerkt, im traditionellen Werbemarkt seit 1979 eine Anzeigengemeinschaft bilden. Reine Internetanzeigen (sog. „online-only“), wie sie beispielsweise „sueddeutsche.de“ anbietet, werden den Anzeigeninserenten nicht angeboten, sie stehen derzeit jedoch kurz vor der Einführung. Heute werden bereits 15-20% der Fließtextanzeigen für die gedruckten Tageszeitungen über das Internet aufgegeben. Von diesem durchgängigen digitalen „Workflow“ in der prozessualen Anzeigenabwicklung, würden, laut Geschäftsführer Weber, nicht nur die Nutzer profitieren, sondern auch die Zeitungsgruppe selbst beispielsweise durch eine mittelfristige Reduktion des Personalaufwandes in der Anzeigenabteilung.[461]

Abbildung 18 gibt Auskunft über die Nutzungsentwicklung der Online-Rubrikenmärkte; deutlich wird, dass die Entwicklung der Nutzungszahlen sehr positiv ist.

Die „Stuttgarter Zeitung“ und die „Stuttgarter Nachrichten“, die zu den Basiswerbeträgern der Wirtschaftsregion Stuttgart zählen, sehen sich derzeit mit starken Einbrüchen im traditionellen Anzeigengeschäft konfrontiert. Branchenkonform sind die rubrizierten Stellenanzeigen am stärksten in Mitleidenschaft gezogen. Für Weber handelt es sich derzeit aber eindeutig um eine konjunkturell bedingte Krise im Anzeigenmarkt, keinesfalls um eine strukturelle, die die Existenz der Tageszeitungsbranche langfristig gefährde. Er ist davon überzeugt, dass sich das Aufkommen an Stellenanzeigen der gedruckten Tageszeitungen wieder regeneriert, sobald die gegenwärtige Konjunkturschwäche überwunden sei. Diese optimistische Prognose begründet er damit, dass gedruckte Stellenanzeigen entscheidende Vorteile gegenüber ihrem digitalen Pendant aufweisen würden. So könnten diese beispielsweise unter der Leserschaft eher eine Initiativbewerbung auslösen als eine Stellenanzeige im Internet, da die Nutzer aufgrund eines bereits bestehenden Bedürfnisses überwiegend zielgerichtet und unter Zuhilfenahme von Navigationshilfen an gewünschte Informationen gelangen. Folglich würden sie nicht, wie beim manuellen Durchblättern in einer gedruckten Tageszeitung, rein zufällig auf ein Stellenangebot aufmerksam.

---

461 Quelle: Interview mit Roland Weber, Geschäftsführer der Stuttgart Internet Regional GmbH am 15.05.2003.

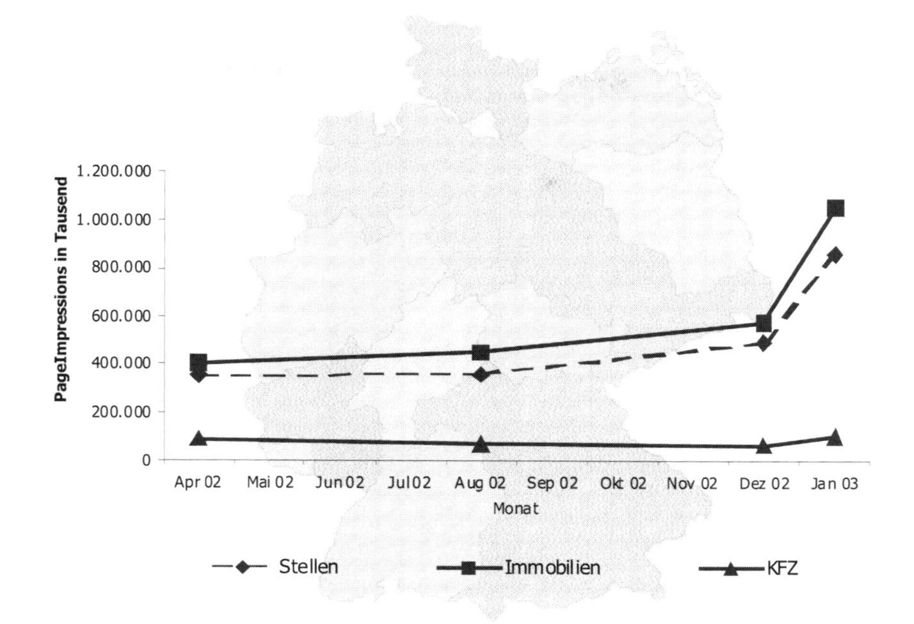

Abb. 18: Nutzungsentwicklung des Online-Rubrikenangebotes von „stuttgarter-nachrichten.de/stuttgarter-zeitung.de" [462]

Darüber hinaus lasse sich auch das Firmenimage des Anzeigenkunden über eine gedruckte Stellenanzeige besser vermitteln. Gleichzeitig gibt er jedoch zu bedenken, dass die gedruckten Stellenanzeigen womöglich nicht wieder ihr ursprüngliches Volumen erreichen könnten, besonders die „internetaffinen Branchen", wie beispielsweise die IT-Branche, könnten zwischenzeitlich dauerhaft zur Personalsuche in das WWW gewechselt haben.[463]

5.3.2.4.2 Geschäftsmodellvariante „Inter-Connection"

Die Zeitungsgruppe Stuttgart ist in der Geschäftsmodellvariante „Internet-Acess" aktiv. Den Nutzern wird ein physischer Zugang zum Internet angeboten. Über eine bundesweite Einwahlnummer können sich Nutzer des Angebotes von jedem Ort in der Bundesrepublik rund um die Uhr zu einer transaktionsabhängigen Gebühr von 0,014 € in der

462 Datenbezug erfolgte unter „ivw-online.de" / zugegriffen am 05.06.2003.
463 Quelle: Interview mit Roland Weber, Geschäftsführer der Stuttgart Internet Regional GmbH am 15.05.2003.

Minute in das Internet einwählen. Die monatliche Grundgebühr von 3 € beinhaltet neben drei E-Mail-Adressen auch die Nutzung von 15 Megabyte „WebSpace" auf dem verlagsinternen Homepage-Server und die Gratisnutzung der Telefon-Hotline bei technischen Fragen.[464] Ursprünglich war dieser Dienst als ein zusätzlicher Leserservice der gedruckten Tageszeitungen eingerichtet worden, um das Angebot abzurunden. Heute kann die SIR in dieser Geschäftsmodellvariante an die 7000 Kunden verzeichnen und ist mit deren wirtschaftlichem Erfolg „sehr zufrieden".[465] Weiterhin hat das monatlich transferierte Datenvolumen in und über die verlagsinternen IT-Netzwerke zwischenzeitlich das Volumen von einem Terabyte[466] erreicht, hiervon werden allein 50% durch die Kunden des Provider-Services erzeugt. Durch dieses immense Datenaufkommen befindet sich die SIR auch in einer starken Verhandlungsposition gegenüber ihren Lieferanten der technischen Infrastruktur, insbesondere gegenüber den Telekommunikations-Netzbetreibern.[467]

5.3.3 Ausgewählte Geschäftsmodelle im „B-to-B"-Markt der Zeitungsgruppe Stuttgart

5.3.3.1 Geschäftsmodell „Content Syndication"

Auf die Frage, ob die SIR auch im Geschäftsmodell „Content Syndication" agieren würde, erklärt Weber: „Content Syndication bedeutet für mich, dass beispielsweise der VfB Stuttgart unsere Sportberichterstattung regelmäßig auf dem vereinseigenen Online-Angebot veröffentlichen würde. In diesem Bereich sind wir zur Zeit jedoch nicht aktiv".[468] So veräußert die SIR als Rechteeigentümer die Nutzungsrechte an ihren publizistischen Leistungen nicht eigenständig an weitere gewerbliche Abnehmer. Hingegen ist die SIR beispielsweise als Partner der „Genios-Wirtschaftsdatenbank" des Holtzbrinck-Verlages, der „Presse-Monitor GmbH", oder aber auch die „Stuttgarter Zeitung" als Partner der „GBI-Contentmachine" als „Content Provider" aktiv, indem sie diesen „Content Brokern" den Veräußerungsprozess überträgt. Aus diesen Gründen lässt sich abschließend festhalten, dass – theoretisch gesehen – ein „partielles" Engagement im Geschäftsmodell „Content Syndication" der Zeitungsgruppe Stuttgart vorliegt.

---

464 Vgl. Stuttgarter Zeitung, 2003a.
465 Quelle: Interview mit Roland Weber, Geschäftsführer der Stuttgart Internet Regional GmbH am 15.05.2003.
466 1 Terabyte = 1024 Gigabyte, 1 Gigabyte = 1024 Megabyte.
467 Quelle: Interview mit Roland Weber, Geschäftsführer der Stuttgart Internet Regional GmbH am 15.05.2003.
468 Ebenda.

Die Entwicklung von „Mobilen Content“ oder auch „Location Based Services“, auf Basis des neuen Übertragungsstandard UMTS, sei laut Weber in naher Zukunft noch nicht geplant - und zwar deshalb, weil die Zeitungsgruppe Stuttgart sich als ein neutraler Informationsdienstleister verstehe, der sich keinesfalls an einen der sechs deutschen UMTS-Lizenznehmer binden möchte. Weber weist ferner darauf hin, dass die bereits bestehenden WAP-Angebote von Wettbewerbern aus der Tageszeitungsbranche bis heute nicht den gewünschten wirtschaftlichen Erfolg erzielt hätten. Falls sich UMTS eines Tages zu einem offenen und neutralen Übertragungsstandard entwickeln sollte (ähnlich wie das Hypertext-Transfer-Protokoll des WWW) und sich die Darstellung von medialen Inhalten auf den mobilen Empfangsgeräten entscheidend verbessern würde, wäre das Angebot dieser Geschäftsmodellvariante auch für die SIR attraktiv. Die technologischen Entwicklungen rund um das Thema „mobile Content“ werden daher von den Verantwortlichen der SIR genau verfolgt.[469]

5.3.3.2 Beispiel einer horizontalen Kooperation

Auch die Zeitungsgruppe Stuttgart ist in der Vergangenheit bracheninterne Kooperationen eingegangen, um die Marktchancen des Internet besser für sich zu nutzen und um branchenfremden Unternehmen den Einstieg in die traditionellen Geschäftsfelder zu erschweren, so zum Beispiel durch die bereits erwähnte Kooperation bei der Online-Vermarktungsgesellschaft OMS. Darüber hinaus war sie auch eine der zehn Gründungsgesellschafter der Versum AG, deren Liquidation Ende 2002 durch den Geschäftsführer der Südwest Medienholding GmbH, Dannemann, wie folgt kommentiert wurde: „Versum war eine gute Idee, die allerdings zu kostenintensiv realisiert worden ist“.[470]

Eine weitere horizontale Kooperation der Zeitungsgruppe Stuttgart im Geschäftsmodell „Service Providing“ stellt die MSH Medien System Haus GmbH & Co. KG dar. Sie wurde 1971 gegründet und beschäftigt heute über 140 Mitarbeiter. Ihre Gesellschafter sind die Medien Union GmbH, Ludwigshafen, die Südwestdeutsche Medien Holding GmbH, die Stuttgarter Zeitung Verlagsges. mbH & Co. KG, die Stuttgarter Nachrichten Verlagsgesellschaft mbH, die Neue Pressegesellschaft mbH & Co. KG, Ulm sowie die Ernst Klett AG, Stuttgart.[471] Ihren anvisierten Zielgruppen (Zeitungs-, Zeitschriften-, Buchverlage und Verlagsauslieferer) bietet sie „als Partner der Verlagsbranche“ u.a. folgende Leistungen an:

---

469 Quelle: Interview mit Roland Weber, Geschäftsführer der Stuttgart Internet Regional GmbH am 15.05.2003.

470 Hier zitiert nach o.V., 2002o, S. 20.

471 Vgl. Medien System Haus, 2003.

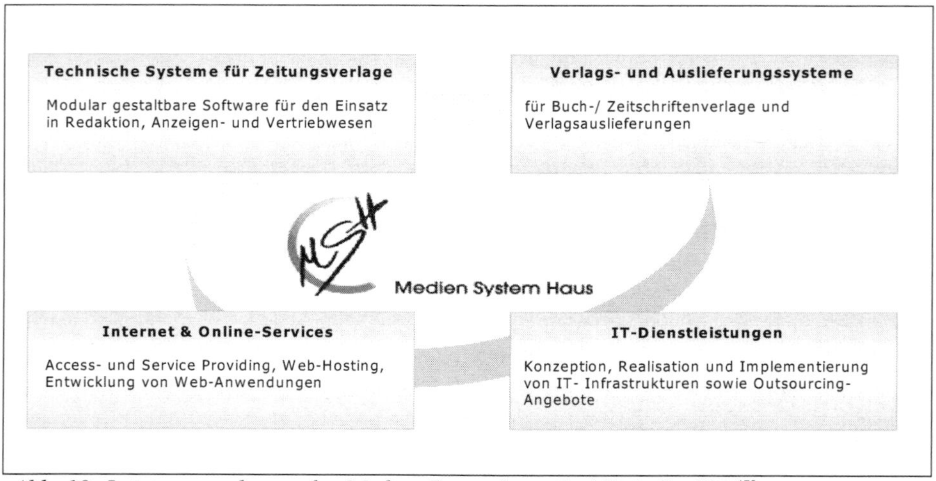

Technische Systeme für Zeitungsverlage

Modular gestaltbare Software für den Einsatz in Redaktion, Anzeigen- und Vertriebwesen

Verlags- und Auslieferungssysteme

für Buch-/ Zeitschriftenverlage und Verlagsauslieferungen

Medien System Haus

Internet & Online-Services

Access- und Service Providing, Web-Hosting, Entwicklung von Web-Anwendungen

IT-Dienstleistungen

Konzeption, Realisation und Implementierung von IT- Infrastrukturen sowie Outsourcing-Angebote

Abb. 19: Leistungsspektrum der Medien Systemhaus GmbH & Co. KG[472]

Aufgrund der im Internet veröffentlichten Referenzliste lässt sich feststellen, dass neben den eigenen Gesellschaftern auch externe Unternehmen dem Kundenkreis zugerechnet werden können. Vom technischen Know-How der Medien System Haus GmbH & Co. KG profitiert die SIR beispielsweise durch deren Unterstützung beim Provider-Service, durch die Entwicklung des angekündigten „E-Papers“ und Realisierung der geplanten „online-only“-Anzeigen. Darüber hinaus konnten auch hier die beteiligten Medienunternehmen, durch die sich seit drei Jahrzehnten erfolgreich vollziehende Diversifikation, ihre konjunkturelle Abhängigkeit vom Anzeigengeschäft reduzieren und neue Erlöspotenziale generieren.

5.4 Zusammenfassung der Ergebnisse der Fallanalysen

Inwieweit liegt nun eine Übernahme der idealtypischen Geschäftsmodelle nach Wirtz in den Fallbeispielen vor? Bei der Beantwortung der Frage gilt es zu berücksichtigen, dass beide Online-Angebote über eine unterschiedliche Ausgangsbasis verfügen. „sueddeutsche.de“ ist das digitale Pendant der bundesweit auflagenstärksten überregionalen Abonnementzeitung. Das Online-Angebot der Stuttgart Internet Regional GmbH hingegen repräsentiert zwei starke regionale bzw. partiell auch überregional etablierte Tageszeitungen. Die zur Verfügung gestellten finanziellen und personellen Ressourcen für das Online-Engagement sind vor diesem Hintergrund nicht direkt vergleichbar, was

472 Vgl. ebenda.

sich beispielsweise anhand der Personalstärke der Online-Redaktionen aufzeigen lässt. Ebenfalls sollte Erwähnung finden, dass beide Medienunternehmen die Chancen eines Online-Angebotes bereits sehr frühzeitig erkannt haben. So zählt die Mediengruppe Süddeutscher Verlag durch den Start ihres Online-Angebotes im Oktober 1995 zu den Marktpionieren der Branche. Die Zeitungsgruppe Stuttgart kann durch ihren Markteintritt im Jahre 1997 als ein „früher Folger" („second-to-market") bezeichnet werden.

Die Analyse beider Online-Angebote hat gezeigt, dass etliche der im Theorieteil besprochenen Potenziale der einzelnen Geschäftsmodelle, die sich für eine Übernahme durch einen Tageszeitungsverlag im neuen Markt anbieten, verfolgt werden.

- Zunächst zum Kerngeschäft „Content": Hier nutzt „sueddeutsche.de" die Potenziale des „Versioning" und bietet die übernommenen Artikel der Zeitungsmutter, die älter als sieben Tage sind, nur gegen Gebühren an. Ferner trägt die Mediengruppe bereits der Entwicklung in Richtung „mobilen Content" Rechnung. Dies zum einen durch das Angebot von kostenpflichtigen SMS-Diensten auf „sueddeutsche.de". Zum anderen durch den Aufbau eines UMTS-basierten Informationsdienstes durch das Joint Venture Dokumentations- und Informationszentrum, München. Die SIR wird demnächst mit dem Angebot eines kostenpflichtigen E-Papers ebenfalls die ersten Schritte in Richtung „Paid Content" unternehmen.

- Zur Übernahme von Varianten des Geschäftsmodell „Commerce" lässt sich festhalten, dass „sueddeutsche.de" ein relativ hohes Maß an Integration aufweist. So zum Beispiel durch ein sehr umfangreiches Angebot an diversen Online-Werbeformen, die unter anderem auch eine engere Inbezugsetzung von redaktionellen Inhalten und werblichen Botschaften aufweisen. Weiterhin äußert sich dies auch durch den „SZ-Shop" und den Einsatz eines Personalisierungsservers, der theoretisch individualisierte Werbeansprachen und das Auswerten von Nutzerprofilen zulässt. Die SIR hingegen weißt neben der angebotenen werblichen Dienstleistung für den Inserentenmarkt keine weitergehende Realisierung dieses Geschäftsmodells auf.

- Zum Geschäftsmodell „Connection" lässt sich sagen, dass beide Unternehmen ihre Online-Rubrikenmärkte forcieren und damit sehr aktiv gegen branchenfremde Wettbewerber vorgehen, um ihr Kerngeschäft zu schützen. Das „jobcenter" verfügt zwischenzeitlich über eine Vielzahl an Funktionen, die den branchenfremden Herausforderern in nichts nachstehen. Die SIR erweitert ihr Angebotspektrum im Anzeigenmarkt durch die „online-only"-Anzeigen und kommt damit der Nachfrage nach ausschließlichen Insertionen im Internet entgegen. Zudem kann sie mit dem erfolgreichen Angebot von Internetzugängen, dass sich ebenfalls unter das Geschäftsmodell „Connection" einordnen lassen kann, nachweislich einen wirtschaftlichen Erfolg erzielen.

Beide Verlagsunternehmen sind darüber hinaus frühzeitig Kooperationen eingegangen. Obwohl darunter einige noch kein positives Betriebsergebnis erreichen, und deshalb derzeit noch zu keiner nachhaltigen Stärkung der Wettbewerbsfähigkeit beitragen, besteht dennoch die Chance, dass sich der frühzeitige Markteintritt langfristig auszahlt. Dannemann, der Geschäftsführer der Südwest Medienholding GmbH, sieht nicht zuletzt durch die eingegangenen Kooperationen der Zeitungsgruppe Stuttgart sowie deren aktive Teilnahme am durch die neuen Medien ausgelösten Strukturwandel, die Voraussetzung dafür geschaffen, „dass auch in Zukunft für die Region Stuttgart und darüber hinaus ein überdurchschnittlich vielfältiges und unabhängiges Medienangebot erhalten bleibt."[473] Der notwendigen Entwicklung, sich im Zeitalter der Digitalisierung zu einem, nicht ausschließlich auf traditionelle Trägermedien gestützten, Informationsdienstleister zu diversifizieren, trägt eine Aussage von Refäuter, dem Sprecher der Geschäftsführung der Mediengruppe Süddeutscher Verlag, Rechnung: „Wir werden auf jeden Fall die Inhalte, die wir haben, digitalisieren und für die multimediale Vermarktung aufbereiten. Es geht jetzt darum, breitbandfähige Inhalte zu entwickeln - für den Fernseher, das Internet oder auch mobile Empfangsgeräte".[474]

473 Stuttgarter Zeitung, 2003b.
474 Hier zitiert nach Krenn/Braunschweig, 2002, S. 81.

Literaturverzeichnis

I. Monografien, Aufsätze, Sammelbände

Altmeppen, Klaus-Dieter (2000): Online-Medien: das Ende des Journalismus !? Formen und Folgen der Aus- und Entdifferenzierung des Journalismus, in: Altmeppen, K.-D./Bucher, H.-J./Löffelholz, M. (Hrsg.): Online-Journalismus – Perspektiven für Wissenschaft und Praxis, Wiesbaden: Opladen Westdeutscher Verlag, 2000, S. 123-138.

Ansoff, H. Igor (1966): Management-Strategie, München: Verlag Moderne Industrie, 1966.

Bach, Kerstin (2002): Zeitungen im Internet – Eine vergleichende Analyse deutscher und spanischer Online-Zeitungen, Heidelberg: Synchron Wissenschaftsverlag, 2002.

Baetge, Jörg (1974): Betriebswirtschaftliche Systemtheorie: Regelungstheoretische Planungs- und Überwachungsmodelle für Produktion, Lagerung und Absatz, Wiesbaden: Opladen Westdeutscher Verlag, 1974.

Bauschke, Christian (2002): Blick in den Abgrund – Die Zeitungsbranche steckt in der tiefsten Krise seit dem Zweiten Weltkrieg. Die Konzentration des Marktes beschleunigt sich, in: Die Welt, Ausgabe vom 27.06.2002, S. 3.

BDZV (Bundesverband Deutscher Zeitungsverleger e. V.) (Hrsg.) (2002a): Zeitungen 2002, Berlin: ZV-Verlag, 2002.

BDZV (Bundesverband Deutscher Zeitungsverleger e.V.) (Hrsg.) (1994): Branchenbrief: „BDZV-intern", vom 09.12.1994.

Beck, Klaus/Glotz, Peter/Vogelsang, Gregor (2000): Die Zukunft des Internet: internationale Delphi-Befragung zur Entwicklung der Online-Kommunikation, Konstanz: UVK-Medien, 2000.

Bender, Dieter et al. (1999): Vahlens Kompendium der Wirtschaftstheorie und Wirtschaftspolitik, Band 2, 7., überarb. und erw. Auflage, München: Vahlen, 1999.

Benisch, Werner (1973): Kooperationsfibel, 4. Aufl., Bergisch Gladbach: Heider, 1973.

Berger, Peter (2002): Das Crossmedia-Konzept der FTD – Chancen und Risiken für Journalisten und Kaufleute, in: Rolke, L./Wolff, V. (Hrsg.) (2001): Der Kampf um Öffentlichkeit: wie das Internet die Macht zwischen Medien, Unternehmen und Verbrauchern neu verteilt, Neuwied: Luchterhand, 2002, S. 153-166.

Bieger, Thomas/Bickhoff, Nils/Caspers, Rolf/Knyphausen-Aufseß, Dodo zu/Reding, Kurt (2002): Zukünftige Geschäftsmodelle – Konzept und Anwendung in der Netzökonomie, Heidelberg u.a.: Springer, 2002.

Bieger, Thomas/Rüegg-Stürm, Johannes (2002): Net Economy – Die Bedeutung der Gestaltung von Beziehungskonfigurationen, in: Bieger, T./Bickhoff, N./Caspers, R./Knyphausen-Aufseß, D. zu/Reding, K. (2002): Zukünftige Geschäftsmodelle – Konzept und Anwendung in der Netzökonomie, Heidelberg u.a.: Springer, 2002, S. 15-31.

Bissantz, Nicolas/Hagedorn, Jürgen (2001): Data Mining, in: Mertens, P. (Hrsg.): Lexikon der Wirtschaftsinformatik, 4.; vollst., neu bearb. und erw. Auflage, Heidelberg u.a.: Springer, 2001, S. 130-131.

Bollmann, Stefan (1998): Kursbuch neue Medien – Trends in Wirtschaft und Politik, Wissenschaft und Kultur, Reinbeck bei Hamburg: Rowohlt, 1998

Borstelmann, Beate/Min, Ray (2002): Wie machen´s die anderen? Internetstrategien der Verlage in den USA, in: BDZV (Bundesverband Deutscher Zeitungsverleger e.V.) (Hrsg.): Zeitungen 2002, Berlin: ZV-Verlag, 2002. S. 201-216.

Bott, Helmut (1967): Zwischenbetriebliche Kooperation und Wettbewerb, Köln: 1967.

Brechtel, Detlev (2001): Media Mediaplanung 2002 – Weiterklicken ist wie Wegzappen, in: Horizont, Nr. 37 vom 13.09.2001, S. 112.

Brechtel, Detlev (2002): Media / Die Zeitungen: Web-Geld weg – Versum.de ist gescheitert. Dennoch sollen Verlagskooperationen in den Online-Rubrikenmärkten das Netz rentabel machen, in Horizont, Nr. 41/2002, S. 90.

Brenner, Sebastian (2002): Schnelles Internet soll endlich Umsatz anschieben, in: Financial Times Deutschland, Ausgabe vom 04.02.2002, S. 8.

Brenner, Walter/Zarnekow, Rüdiger (1999): Innovative Ansätze zur digitalen Bereitstellung multimedialer Inhalte, in: Schumann, M./Hess, T. (Hrsg.): Medienunternehmen im digitalen Zeitalter: neue Technologien – neue Märkte – neue Geschäftsansätze, Wiesbaden: Gabler, 1999, S. 33-50.

Breyer-Mayländer, Thomas (2001): Zukunftsstrategien der Zeitungsverlage, in: Breyer-Mayländer, T./Fuhrmann H.-J. (Hrsg.): Erfolg im neuen Markt: Online-Strategien für Zeitungsverlage, Berlin: ZV-Verlag, 2001. S. 23-34.

Breyer-Mayländer, Thomas (2002): Crossmedia im Zeitungsverlag, in: Bundesverband Deutscher Zeitungsverleger e.V. (BDZV) (Hrsg.): Zeitungen 2002, Berlin: ZV-Verlag, 2002, S. 141-150.

Breyer-Mayländer, Thomas/Fuhrmann, Hans-Joachim. (2001): Erfolg im neuen Markt: Online-Strategien für Zeitungsverlage, Berlin: ZV-Verlag, 2001.

Clement, Michel/Peters, Kay/Preiß, Friedrich J. (1999): Electronic Commerce, in Albers, S./Clement, M./Peters, K. (Hrsg.): Marketing mit interaktiven Medien, 2. Aufl., Frankfurt: Verlag Frankfurter Allgemeine Zeitung, S. 49-64.

Commission of the European Communities, DG XIII/E (Hrsg.) (1996): Strategic Developments for the European Publishing Industry towards the Year 2000 – Europe´s Mulitmedia Challenge, Brüssel: 1996.

Conklin, Jeff (1987): Hypertext: An introduction and survey, in: IEEE Computer, 20 (9), S.17-41.

Cross Water Systems Ltd. (Hrsg.) (2002): Die elektronischen Jobbörsen in Deutschland – Stärke/Schwäche-Analyse, 2002.

Degethoff, Jürgen (2001): Vermarktungskonzepte für regionale und nationale Kunden, in Breyer-Mayländer, T./Fuhrmann H.-J. (Hrsg.): Erfolg im neuen Markt: Online-Strategien für Zeitungsverlage, Berlin: ZV-Verlag, 2001. S.113-117.

Deininger, Olaf (2002): Regionalzeitungen planen mobile Angebote, in: Die Welt, Ausgabe vom 22.10.2000, S.16.

Dernbach, Christoph (2002): Cross-Media Management in der Nachrichtenagentur – Das Beispiel „dpa", in: Müller-Kalthoff, B. (Hrsg.): Cross-Media Management: Content-Strategien erfolgreich umsetzen, Heidelberg u.a.: Springer, 2002, S. 123-138.

Detering, Dietmar (1999): Ökonomie der Medieninhalte: Allokative Effizienz und soziale Chancengleichheit in den neuen Medien, Münster: LIT, 2001.

Dovifat, Emil/Wilke, Jürgen (1976): Zeitungslehre – Band 1: Theoretische und rechtliche Grundlage, Nachricht und Meinung, Sprache und Form, Berlin u. a.: de Gruyter, 1976.

Dreier, Hardy (2002): Vielfalt oder Vervielfältigung? Medienangebote und ihre Nutzung im digitalen Zeitalter: in Müller-Kalthoff, B. (Hrsg.): Cross-Media Management: Content-Strategien erfolgreich umsetzten, Heidelberg u.a.: Springer, 2002, S. 41-60.

Dutta, Soumitra (2002): Zeitungen gehen online: Eine neue Herausforderung für alte Medien, in: Bieger, T./Bickhoff, N./Caspers, R./Knyphausen-Aufseß, D. zu/Redding, K. (2001): Zukünftige Geschäftsmodelle – Konzept und Anwendung in der Netzökonomie, Heidelberg u.a.: Springer, 2002, S. 117-145.

Eckert, Daniel (2002): Verleger: Keine Erholung vor 2003, in: Die Welt, Ausgabe vom 05.07.2002, S. 29.

Eggers, Bernd/Grewe, Alexander (2002): Strategisches Management von E-commerce-Projekten in Medienunternehmen, in: Keuper, F. (Hrsg.): Electronic Business und Mobile Business: Ansätze, Konzepte, Geschäftsmodelle, Wiesbaden: Gabler, 2002, S. 546-567.

Ehrensberger, Wolfgang (2002): Für die Medien wird es brenzlig: Die Medienwirtschaft steckt in der tiefsten Krise der Nachkriegszeit, in: Die Welt, Ausgabe vom 14.08.2002, S. 16.

Eimeren, Birgit van/Gerhard, Heinz (2000): ARD/ZDF-Online-Studie 2000: Gebrauchswert entscheidet über Internet-Nutzung, in: Media Perspektiven Nr. 8/2000, S. 338-349.

Eimeren, Birgit van/Gerhard, Heinz/Frees, Beate (2001): ARD-ZDF-Online-Studie 2001: Internetnutzung stark zweckgebunden, in Media Perspektiven, Nr. 8/2001, S. 382-397.

Eimeren, Birgit van/Gerhard, Heinz/Frees, Beate (2002): Entwicklung der Online-Nutzung in Deutschland: Mehr Routine, weniger Entdeckerfreude, in: Media Perspektiven, Nr. 8/2002, S. 346-362.

Eimeren, Birgit van/Ridder, Christa-Maria (2001): Ergebnisse der Studie Langzeitmassenkommunikation: Trends in der Nutzung und Bewertung von Medien, in: Media Perspektiven, Nr. 11/2001, S. 538-553.

Europäische Kommission, DG XIII/A4 (Hrsg.) (1997): Grünbuch zur Konvergenz der Branchen Telekommunikation, Medien und Informationstechnologie und ihren ordnungspolitischen Auswirkungen – Ein Schritt in Richtung Informationsgesellschaft, Brüssel: 1996.

Fantapié Altobelli, Claudia (2002): Print contra Online: Verlage im Internetzeitalter, München: Fischer, 2002.

Fechner, Frank (2001): Medienrecht: Lehrbuch des gesamten Medienrechts unter besonderer Berücksichtigung von Presse, Rundfunk und Multimedia, 2., überarb., u. erg. Aufl., Tübingen: Mohr Siebeck, 2001.

Fehrenbach, Oskar (1996): Journalistische Konkurrenz bei verlegerischer Kooperation Freundliche Glückwünsche zum 50-jährigen Bestehen der „Stuttgarter Nachrichten", in: Stuttgarter Zeitung, Ausgabe vom 12.11.1996, S. 5.

Fittkau, Susanne (2002): Internet-Zielgruppen: Nutzer und Nutzung redaktioneller Online-Angebote, in: Fantapié Altobelli, C. (Hrsg.): Print contra Online? Verlage im Internetzeitalter, München: Fischer, 2002, S. 89-102.

Frank, Arno/Grimberg, Steffen (2002): Sag zum Abschied leise „Servus", in: Die Tageszeitung (taz), Ausgabe vom 11.07.2002, S. 14.

Franzmann, Edgar (2001): Zeitungen und Internet – Die richtige Content-Strategie, in: Breyer-Mayländer, T./Fuhrmann, H.-J. (Hrsg.): Erfolg im neuen Markt: Online-Strategien für Zeitungsverlage, Berlin: ZV-Verlag, 2001, S. 61-78.

Fritz, Wolfgang (2001): Internet-Marketing und Electronic Commerce: Grundlage – Rahmenbedingungen – Instrumente, 2. überarb. und erw. Auflage, Wiesbaden: Gabler, 2001.

Fröhlich, Christiane (2001): Neue Leser an der Angel, in: werben & verkaufen, Nr. 3/2001, S. 76.

Fuhrmann, Hans-Joachim (2001): Bilanz nach fünf Jahren Online-Engagement, in: Breyer-Mayländer, T./Fuhrmann, H.-J. (Hrsg.): Erfolg im neuen Markt: Online-Strategien für Zeitungsverlage, Berlin: ZV-Verlag, 2001, S. 9-22.

Gardon, Otto W. (2000): Electronic Commerce: Grundlagen und Technologien des elektronischen Geschäftsverkehrs, Marburg: Tectum, 2000.

Gauron, André. (1995): Das digitale Zeitalter, in: Bollmann, S. (Hrsg.): Kursbuch neue Medien – Trends in Wirtschaft und Politik, Wissenschaft und Kultur, Mannheim: Bollmann, 1995, S. 24-40.

Gerpott, Thorsten. J./Heil, Bertold. (1997): Wettbewerbsstrategien von Online-Diensten – Erfolg durch aktive Organisation von Märkten, in: Die Unternehmung, 51. Jg., Nr. 4, S. 297-341.

Giagnocavo, Gregory (1996): Educator's Internet Companion, Upper Saddle River, 1996.

Gordon, Robert J. (2000): Macroeconomics, Eighth Edition, Reading, Massachusetts u.a.: Addison-Wesley, 2000.

Haldemann, Alexander (1999): Electronic Publishing : Strategien für das Verlagswesen, Wiesbaden: Gabler, 1999.

Heinen, Helmut/Schulze, Volker (2001): Vorwort, in: BDZV (Bundesverband Deutscher Zeitungsverleger e.V.) (Hrsg.): Zeitungen 2001, Berlin: ZV-Verlag, 2002. S. 7-8.

Heinrich, Jürgen (2001): Medienökonomie – Band 1. Mediensystem: Zeitung, Zeitschrift, Anzeigenblatt – 2. überarb. u. aktualisierte Auflage, Wiesbaden: Opladen Westdeutscher Verlag, 2001.

Hennies, Manfred O.E. (2003): Allgemeine Volkswirtschaftslehre für Betriebswirte, Band 1: Grundlagen, Wirtschaftsordnungen, Wirtschaftskreislauf, Agrarwirtschaft, sechste und erweiterte Auflage; Berlin: Berliner Wissenschaftsverlag, 2003.

Hess, Thomas (2002): Implikationen des Internet für die Medienbranche – eine strukturelle Analyse, in: Keuper, F. (Hrsg.): Electronic Business und Mobile Business: Ansätze, Konzepte und Geschäftsmodelle, Wiesbaden: Gabler, 2002, S. 571-599.

Hesse, Georg (2001): Neue Wege im Rubrikengeschäft, in : Breyer-Mayländer, T./ Fuhrmann, H.-J. (Hrsg.): Erfolg im neuen Markt – Online-Strategien für Zeitungsverlage, Berlin: ZV-Verlag, 2001, S. 155-170.

Hofer, Michael (1999a): Medienökonomie des Internet, Münster: LIT, 2000.

Hofer, Michael (1999b): Medien-Shopping im Internet – die Veränderung der Wertschöpfungsketten bei Medienprodukten, in: Knoche, M./Siegert, G. (Hrsg.): Strukturwandel der Medienwirtschaft im Zeitalter digitaler Kommunikation, München: Fischer, 1999, S. 27-46.

Hornig, Frank/Jakobs , Hans-Jürgen/Rosenbach, Marcel (2001): Internet – Der Faktor Größe, in: Der Spiegel, Nr. 16/2001, S. 104.

Hörschgen, Hans/Kirsch, Jürgen/Käßer-Pawelka, Günther/Grenz, Jürgen (1993): Marketing-Strategien Konzepte zur Strategienbildung im Marketing: 2., überarb. und erweiterte Auflage, Berlin: Verlag Wissenschaft und Praxis, 1993.

Ivenz, Natalie/Engelbach, Wolf/Delp, Martin (1999): Internationale Zusammenarbeit als Chance für Verlage und Mediendienstleister – Strategien, Fallbeispiele und Vorgehen, Stuttgart: IRB Verlag, 1999.

Judson, Bruce/Kelly, Kate (1999): E-Commerce – 11 Siegerstrategien für den Hyperwettbewerb, Landsberg am Lech: MI-Verlag, 1999.

Jung, Alexander (2002): Neustart im Netz, in: Der Spiegel, Nr. 44/2002, S. 92-95.

Kabel, Peter. (2001): E-Commerce – Zukunftsmarkt mit Hindernissen, in: Breyer-Mayländer, Thomas / Fuhrmann, Hans-Joachim (2001): Erfolg im neuen Markt – Online-Strategien für Zeitungsverlage, Berlin: ZV-Verlag, 2001, S. 171-183.

Kantzenbach, Erhard (1967): Die Funktionsfähigkeit des Wettbewerbs, 2., durchgesehene Auflage, Göttingen: Vandenhoeck & Ruprecht, 1967.

Karmasin, Matthias/Winter, Carsten (2000): Grundlagen des Medienmanagement, Stuttgart: UTB, 2000.

Keller, Dieter (2002): Zur wirtschaftlichen Lage der deutschen Zeitungen, in: BDZV (Bundesverband Deutscher Zeitungsverleger e. V.) (Hrsg.): Zeitungen 2002, Bonn: ZV-Verlag, 2001, S.19-106.

Keuper, Frank (2002): Electronic Business und Mobile Business: Ansätze, Konzepte und Geschäftsmodelle, Wiesbaden: Gabler.

Klein, Oliver (2002): Glossar, in: Karmasin, M./Winter, C. (Hrsg.): Mediale Mehrwertdienste und die Zukunft der Kommunikation – eine fachübergreifende Orientierung, Wiesbaden: Opladen Westdeutscher Verlag, 2002, S. 195-213.

Klotz, Ulrich (2000): New Economy – Die neuen Regeln der Informationsökonomie, in: Computer Fachwissen, Nr. 1/2000, S. 6-13.

Knoche, Manfred (1978): Einführung in die Pressekonzentrationsforschung: Theoretische und empirische Grundlagen – Kommunikationspolitische Voraussetzungen, Berlin: Spiess, 1978.

Knyphausen-Aufseß, Dodo zu/Meinhardt, Yves (2001): Revisiting Strategy: Ein Ansatz zur Systematisierung von Geschäftsmodellen, in: Bieger, T./Bickhoff, N./Caspers, R./Redding, K. (2001): Zukünftige Geschäftsmodelle – Konzept und Anwendung in der Netzökonomie, Heidelberg u.a.: Springer, 2002, S. 63-91.

Kosiol, Erich (1961): Modellanalyse als Grundlage unternehmerischer Entscheidungen, in: Zeitschrift für handelswissenschaftliche Forschung, 1961, S. 314-334.

Krenn, Ulrich/Braunschweig, Stefan (2001): Best in class!, in: werben & verkaufen Nr. 5 vom 02.02.01, S. 81.

Kröger, Claudia (2002): Kommerzielle Nutzung des Internets für Medienunternehmen, in: Keuper, F. (Hrsg.): Electronic Business und Mobile Business: Ansätze, Konzepte und Geschäftsmodelle, Wiesbaden: Gabler, 2002, S. 501-546.

Krüger, Wilfried/Bach, Norbert (2001): Geschäftsmodelle und Wettbewerb im e-Business, in: Buchholz, W./Werner, H. (Hrsg.): Supply Chain Solutions – Best Practices im e-Business: Stuttgart: Schäffer-Poeschl, 2001, S. 29-51.

Laube, Helene (1998): Daten an die Macht, in: Manager Magazin, Nr. 8/1998, S. 80-84.

Lee, Hwa-Haeng (2001): Deutsche TV-Anbieter im Internet. Eine empirisch-analytische Untersuchung der Online-Aktivitäten von RTL und ZDF, Hagen: ISL-Verlag, 2001.

Lehr, Thomas (1999): Tageszeitungen und Online-Medien, Wiesbaden: Deutscher Universitäts-Verlag, 1999.

Löffler, Martin (1983): Die Landespressegesetze der Bundesrepublik Deutschland, 3., völlig neubearb. Aufl., München: Beck, 1983.

Macharzina, Klaus (1999): Unternehmensführung: das internationale Managementwissen; Konzepte – Methoden – Praxis, 3., aktualisierte und erw. Auflage, Wiesbaden: Gabler, 1999.

Maletzke, Gerhard (1972): Psychologie der Massenkommunikation – Theorie und Systematik, Hamburg: Verlag Hans-Bredow-Institut, 1972.

Meyn, Hermann (2001): Massenmedien in Deutschland, Neuauflage, Konstanz: UVK Medien, 2001.

Möllmann, Bernhard (1998): Redaktionelles Marketing bei Tageszeitungen, München: Fischer, 1998.

Müller, Robert W. (1998): Elektronisches Publizieren – Auswirkungen auf die Verlagspraxis, Wiesbaden: Harrasowitz, 1998.

Negroponte, Nicholas (1997): Total digital – Die Welt zwischen 0 und 1 oder die Zukunft der Kommunikation, München: Goldmann, 1997.

Neuberger, Christoph. (1999): Vom Papier auf den Bildschirm. Die Zeitung in der Meta-morphose, in: Neuberger, C./Tonnemacher, J. (Hrsg.): Online – Die Zukunft der Zeitung? Wiesbaden: Opladen, 1999, S. 16-57.

Neuberger, Christoph (2000a): Renaissance oder Niedergang des Journalismus? Ein Forschungsüberblick zum Online-Journalismus, in: Altmeppen, K.-D./Bucher, H.-J./Löffelholz, M. (Hrsg.): Online-Journalismus, Wiesbaden: Opladen, 2000, S.15-48.

Neuberger, Christoph (2000b): Massenmedien im Internet 1999. Angebote, Strategien, neue Informationsmärkte, in: Media Perspektiven, Nr. 3/2000, S. 102-109.

Neuberger, Christoph (2000c): Journalismus im Internet – Auf dem Weg zur Eigenständigkeit?, in: Media Perspektiven, Nr. 7/2000, S. 310-318.

Neuberger, Christoph (2002b): Das Engagement deutscher Tageszeitungen im Internet - Zwischen „Cross Media"-Strategien und Zweitverwertung, in: Fantapié Altobelli, C. (Hrsg.): Print contra Online? Verlage im Internetzeitalter, München: Fischer, 2002, S. 113-119.

Neuberger, Christoph/Tonnenmacher, Jan/Biebl, Matthias/Duck, André (1997): Die deutschen Tageszeitungen im World Wide Web. Redaktionen, Nutzer, Angebote, in: Media Perspektiven Nr. 12/1997, S. 652-662.

o. V. (1996a): Projekt Pipeline bündelt Infos – 23 Zeitungen treten dem Online-Verbund der Lokalpresse bei, in: Horizont, Nr. 48 vom 29.11.1996, S, 57.

o.V. (1996b): Interactive-News / Regionale Tageszeitungen schließen Online-Verbund, in , Horizont, Nr. 49 vom 06.12.1996, S. 12

o.V. (1998): SV und BR legen Archive zusammen, in: Süddeutsche Zeitung, Ausgabe vom 31.07.1998, S. 20.

o.V. (1999a): Kostenlos und frei verfügbar: die Süddeutsche im Web, in Computerwoche, Nr. 31 vom 06.08.1999, S. 39-40.

o.V. (1999b): Zeitungsgruppe Stuttgart – Privatisierung regionaler Suchmaschinen, in Password, Nr. 2/1999, S. 30.

o.V. (2001a): Deutsche Musikindustrie hat Milliardenverluste durch Raubkopien, in: Die Welt, Ausgabe vom 17.07.2001, S. 15.

o.V. (2001b): Content Syndication gewinnt an Bedeutung, in: Frankfurter Allgemeine Zeitung, Ausgabe vom 30.08.2001, S. 23.

o.V. (2001c): Der Markt für Content-Syndication, in: eMarket, Nr. 47/2001, S. 56.

o.V. (2001d): Versum.de stellt umfangreichste Plattform für Immobilien online, in: Die Welt, Ausgabe vom 31.07.2001, S. 18.

o.V. (2001e): Süddeutscher Verlag kauft Titel der WEKA-Gruppe, in: Die Welt, Ausgabe vom 03.05.2001, S. 33.

o.V. (2001f): Quality Channel will für die Online-Mediaplanung in Zukunft deutlich mehr Transparenz durchsetzen, in: Horizont, Nr. 14 vom 05.04.2001, S. 66.

o.V. (2001g): Preise gesenkt: sueddeutsche.de, in: werben & verkaufen Nr. 13/2001, S.104.

o.V. (2002a): Top 50 werbetreibende Unternehmen 2001- AC-Nielsen Werbeforschung, in: Horizont, Nr. 04/2002, S. 30.

o.V. (2002b): Peer-to-Peer (P2P): Call for Papers: Technologien, Architekturen und Anwendungen, in Wirtschaftsinformatik Nr. 44 (2002) 3, S. 306.

o.V. (2002c): Hubert Burda übt Kritik an Online-Angebot von ARD/ZDF, in: Die Welt, Ausgabe vom 17.10.2002, S. 30.

o.V. (2002d): Anzahl der Nutzer von UMTS in den Jahren 2002-2010, in: werben & verkaufen, Nr. 19/2002, S. 62.

o.V. (2002e): NYTimes.com lässt die Online-Verlage hoffen, in: eMarket, Nr. 4/2002, S. 16-17.

o.V. (2002f): Internetportal Bild.T-Online kann starten, in: Die Welt, Ausgabe vom 09.03.2002, S. 13.

o.V. (2002g): Net Economy / Tops & Flops: Die Spreu trennt sich vom Weizen – Nur die intelligentesten Geschäftsmodelle haben eine Chance, in Horizont Nr. 51-52/2002, S. 40.

o.V. (2002h): Gute Geschäfte, schlechte Geschäfte: öffentliche Auktion um die Süddeutsche, in: die Welt, Ausgabe vom 30.10.2002, S. 29.

o.V. (2002i): Stuttgarter Zeitung steigt bei Süddeutscher ein – Südwestdeutsche Medienholding übernimmt 18,75 Prozent für mehr als 100 Millionen Euro, in: Frankfurter Allgemeine Zeitung, Ausgabe vom 26.11.2002, S. 11.

o.V. (2002j): „SZ-Dienste aus einer Hand", in : werben & verkaufen Nr. 33/2002, S. 60.

o.V. (2002k): Kooperation bei mobilen Diensten – Interessengemeinschaft will zentrale Plattform schaffen, in: Süddeutsche Zeitung vom 09.03.2002, S. 28.

o.V. (2002l): Daumen hoch oder runter, in: Kress Report vom 16.08.2002, S. 29

o.V. (2002m): Stille Schwaben in München – Der neue Anteilseigner der „Süddeutschen" hält sich gerne im Hintergrund – und ist doch kein unbeschriebenes Blatt, in die Tageszeitung (taz), Ausgabe vom 27.11.2002, S. 18.

o.V. (2002n): Südwest-Medien wird überregional / Verlagsgruppe der Stuttgarter Zeitung hat ein gutes Finanzpolster, in: Frankfurter Allgemeine Zeitung, Ausgabe vom 26.11.2002, S. 14.

o.V. (2002o): Nur noch bis Jahresende online – Versum.de, in werben & verkaufen, Nr. 34 vom 23.08.2002 S. 20.

Oberauer, Johann/Taitl, Georg (2002): Optimist in schlechten Zeiten, in: Der österreichische Journalist, Ausgabe 12/2001 und 1/2002, S. 28-30.

Oehmichen, Ekkehardt/Schröter, Christian (2001): Information: Stellenwert des Internets im Kontext klassischer Medien, in: Media Perspektiven, Nr. 8/2001, S. 410-421.

Oppermann, Andreas (2002): Nutzwert, Nutzwert, Nutzwert – Was Portale für Verbraucher bringen müssen, in: Rolke, L./Wolff, V. (Hrsg.): Der Kampf um die Öffentlichkeit – Wie das Internet die Macht zwischen Medien, Unternehmen und Verbrauchern neu verteilt, Neuwied: Luchterhand, 2002, S. 57-66.

Outing, Steve (2000): Newspapers and New Media – The Digital Awakening of the Newspaper Industry, Sewickley, P.A.: GATF Press, 2000.

Pasquay, Anja (2000): Post aus Leipzig – Die erste Tageszeitung der Welt, in BZDV (Bundesverband Deutscher Zeitungsverleger e.V.)(Hrsg.), Zeitungen 2000, Berlin: ZV-Verlag, 2000, S. 246-249.

Paul, Claudius./Runte, Matthias (1999): Community Building, in: Albers, S./Clement, M./Peters, K./Skiera, B. (Hrsg.): eCommerce-Einstieg, Strategie und Umsetzung im Unternehmen, Frankfurt am Main: IMK-Verlag, 1999, S. 49-64.

Peiser, Wolfram. (1999): Folgen der Digitalisierung aus kommunikationswissenschaftlicher Sicht, in: Schumann, M./Hess, T. (Hrsg.): Medienunternehmen im digitalen

Zeitalter: neue Technologien – neue Märkte – neue Geschäftsansätze, Wiesbaden: Gabler, 1999, S. 123-139.

Pickshaus, Klaus/Schwemmle, Michael (1997): Wächst zusammen, was zusammengehört? Konvergenzen und Allianzen im Multimedia-Sektor, in: WSI-Mitteilungen, Nr. 3/1997, 50. Jahrgang, S. 177-185.

Picot, A. (1991): Ein neuer Ansatz zur Gestaltung der Leistungstiefe, in: Schmalenbachs Zeitschrift für betriebswirtschaftliche Forschung, Vol. 43, S. 337.

Picot, Arnold/Reichwald, Ralf/Wigand, Ralf T. (1998): Die grenzenlose Unternehmung, 3. Aufl., Wiesbaden: Gabler, 1998.

Pieler, Michaela (2002): Zwischen Content und Commerce – Neue Erlösquellen für Verlage im Internet, in: Rolke, L./Wolff, V. (Hrsg.): Der Kampf um Öffentlichkeit - Wie das Internet die Macht zwischen Medien, Unternehmen und Verbrauchern neu verteilt, Neuwied: Luchterhand, 2002, S. 143-153.

Porter, Michael E. (1989): Wettbewerbsvorteile: Spitzenleistung erreichen und behaupten (= competitive advantage), Frankfurt u.a.: Campus-Verlag, 1989.

Porter, Michael E. (1999): Wettbewerbsvorteile: Spitzenleistung erreichen und behaupten (= competitive advantage), 5. erw. Auflage, Frankfurt u.a.: Campus-Verlag, 1999.

Posny, Harald (2001): Autohandel im Internet boomt – Bekanntheitsgrad der Online-Händler erreicht Rekordniveau, in: Die Welt, Ausgabe vom 31.12.2001, S. 14.

Pürer, Heinz/Raabe, Johannes (1994): Medien in Deutschland. Band 1: Presse, München: Ölschläger, 1994.

Rayport, Jeffrey F./Sviokla, John L. (1994): Managing in the Marketspace, in: Harvard Business Review, Vol. 72/1994, S. 141-150.

Ridder, Christa-Maria (2002): Onlinenutzung in Deutschland: Entwicklungstrends und Zukunftsprognosen, in Media Perspektiven, Nr. 3/2002, S. 121-131.

Riefler, Katja (2001a): Content-Cooperation – der Weg zu neuen Inhalten, in: Breyer-Mayländer, T./Fuhrmann, H.-J. (Hrsg): Erfolg im neuen Markt: Online-Strategien für Zeitungsverlage, Berlin: ZV-Verlag, 2001, S. 79-92.

Riefler, Katja (2001b): Geld verdienen mit Inhalten? Geschäftsmodelle für regionale Zeitungsverlage, in: BDZV (Bundesverband Deutscher Zeitungsverleger e.V.) (Hrsg.): Zeitungen 2001, Berlin: ZV-Verlag, 2001, S. 194-203.

Riefler, Katja (2002): Paid Content – Wer zahlt eigentlich wofür?, in: BDZV (Bundesverband Deutscher Zeitungsverleger e.V.) (Hrsg.): Zeitungen 2002, Berlin: ZV-Verlag, 2002, S. 173-190.

Riehl-Heyse, Herbert (2002): Die ganze Welt in der Vielfalt – oder: Wozu braucht der Mensch noch Zeitungen?, in: BZDV (Bundesverband Deutscher Zeitungsverleger e.V.)(Hrsg.), Zeitungen 2002, Berlin: ZV-Verlag, 2002, S. 98-105.

Riepl, Wolfgang (1913): Das Nachrichtenwesen des Altertums. Mit besonderer Rücksicht auf die Römer, Hildesheim u.a.: Georg Olms, 1972.

Röper, Horst (2002a): Zeitungsmarkt 2002: Wirtschaftliche Krise und steigende Konzentration, in: Media Perspektiven; Nr. 10/2002, S. 478-490.

Röper, Horst (2002b): Formationen deutscher Medienmultis 2002: in, Media Perspektiven, Nr. 9/2002, S. 406-432.

Rosenbach, Marcel/Schulz, Thomas (2002): Verlage an der Angel, in Der Spiegel, Nr. 49 vom 02.12.02, S. 88.

Saal, Marco (2002): Tageszeitungen: Kosten sollen durch Einschnitte deutlich sinken, in: Horizont Nr. 35/2002, S. 37.

Scharmann, Eva (2001): Berlin-Portale: Alle wollen Marktführer sein, in: Die Welt, Ausgabe vom 21.06.2001, S. 39.

Schlegel, Maike (2002): Marketing-Instrumente für Online-Zeitungen: Gestaltungsoptionen und -praxis am Beispiel des Online-Engagements überregionaler Tageszeitungen, München: Fischer, 2002.

Schmidt, Hans (2002): Rund 30 Prozent aller Gebrauchtwagen werden über das Internet verkauft - Mobile.de und Autoscout24 dominieren, in: Frankfurter Allgemeine Zeitung, Ausgabe vom 26.08.02, S. 18.

Schmidt, Inga D./Döbler Thomas/Schenk, Michael (2002): E-Commerce: A Platform for Integrated Marketing, 2.Aufl., Münster, Hamburg, London: Lit-Verlag, 2002.

Schneck, Ottmar (1998): Lexikon der Betriebswirtschaft, München: Verlag Beck, 1998.

Schögel, Marcus/Birkhofer, Ben/Jazbec, Mirko/Tomczak, Torsten (2002): Roadm@p to E-Business –Eine Methode für den erfolgreichen Umgang mit Technologien in der marktorientierten Unternehmensführung, in: Schögel, M./Tomczak, T./Belz, C. (Hrsg.): Roadm@p to E-Business, St. Gallen: Thexis, 2002, S. 16-67.

Schreiber, Gerhard Andreas (2000): Schlüsseltechnologie Mobilfunkkommunikation: mCommerce – das Handy öffnet neue Märkte, Köln: Dt. Wirtschaftsdienst, 2000.

Schreiber, Gerhard Andreas (1999): New Media – Realisierung im Süddeutschen Verlag, in: Schumann, M./Hess, T. (Hrsg.): Medienunternehmen im digitalen Zeitalter – Neue Technologien - Neue Märkte – Neue Geschäftsansätze, Wiesbaden: Gabler, 1999, S. 233-248.

Schubert, Petra/Selz, Dorian/Haertsch, Patrick (2001): Digital erfolgreich: Fallstudien zu strategischen E-Business-Konzepten, Heidelberg u.a: Springer, 2001.

Schulz, Rüdiger (2001b): Zapper, Hopper, Zeitungsleser – Allensbacher Erkenntnisse im Langzeitvergleich, in: BZDV (Bundesverband Deutscher Zeitungsverleger e.V.) (Hrsg.): Zeitungen 2001, Berlin: ZV-Verlag, 2001, S. 117-135.

Schulz, Rüdiger (2002): Allensbacher Studie: „Zeitung und Internet“, in: BDZV (Bundesverband Deutscher Zeitungsverleger e.V.) (Hrsg.): Zeitungen 2002; Berlin: ZV-Verlag, S.151-172.

Schulze, Volker (2001): Die Zeitung, 1. völlig überarb. Neuauflage 2001, Aachen-Hahn: Hahner Verlagsgesellschaft, 2001.

Schumann, Matthias./Hess, Thomas (1999): Medienunternehmen im digitalen Zeitalter – Neue Technologien - Neue Märkte - Neue Geschäftsansätze, Wiesbaden: Gabler, 1999.

Schumann, Matthias/Hess, Thomas (2002): Grundfragen der Medienwirtschaft, 2. erw. Auflage, Heidelberg u.a.: Springer, 2002.

Schütz, Walter J. (2001): Deutsche Tagespresse 2001, in: Media Perspektiven, Nr. 12/2001, S. 602-632.

Sennewald, Nicola (1998): Massenmedien und Internet: zur Marktenwicklung in der Pressebranche, Wiesbaden: Gabler, 1998.

Shapiro, Carl/Varian, Hal-R. (1999): Information Rules: A Strategic Guide to the Network Economy, Boston, Massachusetts: Harvard Business School Press, 1999.

Sjurts, Inga (1996): Die deutsche Medienbranche: eine unternehmensstrategische Analyse, Wiesbaden: Gabler 1996.

Sjurts, Inga (2002): Cross-Media-Strategien in der deutschen Medienbranche – Eine ökonomische Analyse zu Varianten und Erfolgsaussichten, in: Müller-Kalthoff, B. (Hrsg.): Cross-Media-Management. Content-Strategien erfolgreich umsetzten, Heidelberg u.a.: Springer, 2002, S. 3-18.

Spring, Michael B. (1999): Electronic Printing and Publishing – The Document Processing Revolution, New York: Marcel Dekker, 1999.

Stähler, Patrick (2001): Geschäftsmodelle in der digitalen Ökonomie: Merkmale, Strategien und Auswirkungen, Köln-Lohmar: Eul Verlag, 2001.

Stahmer, Frank (1995): Ökonomie des Presseverlages, München: Fischer (Reihe Medienskripten Bd. 22), 1995.

Stiglitz, Joseph E. (1999): Volkswirtschaftslehre, 2.Aufl. (1. dt.-sprachige Auflage), München u.a.: Oldenbourg, 1999.

Stolpmann, Markus (2001): Online-Marketingmix: Kunden finden, Kunden binden im E-Business, zweite Auflage, Bonn: Gallileo Press, 2001.

Straßner, Erich (1999): Zeitung, 2. veränd. Auflage, Tübingen: Niemayer, 1999.

Struss, Henriette (2002): Medien: Online zu welchem Preis?, in: Informationweek, Nr. 4/2002, S. 12-16.

Tapscott, Don (1996): Die digitale Revolution: Verheißungen einer vernetzten Welt – die Folgen für Wirtschaft, Management und Gesellschaft, Wiesbaden: Gabler, 1996.

Timmers, Paul (1998): Business Models for Electronic Markets, in: EM - Electronic Markets. Vol. 8, No. 2, S. 3-8.

Tonnemacher, Jan (2003): Kommunikationspolitik in Deutschland, 2., überarbeitete Auflage, Konstanz: UVK, 2003.

Vogel, Andreas (2001): Onlinestrategien der Pressewirtschaft, in: Media Perspektiven, Nr. 12/2001, S. 590-601.

Wegner, Jochen (1997): Dörfer im Netz. Der Rückzug ins Private, in: Spiegel Special „Der digitale Mensch“, Nr. 3/1997, S. 44-46.

Wegner, Rüdiger (1998): Qualität nicht nur als Worthülse – Quality Channel vermarktet handverlesene Werbeträger, in: Horizont, Nr. 48 vom 26.11.98, S. 66.

Wilke, Jürgen (1996): Presse, in: Noelle-Neumann, E./Schulz, W./Wilke, J. (Hrsg.): Publizistik – Massenkommunikation, Frankfurt: Fischer, 1996, S. 382-417.

Willnauer, Markus. (2002): Potentiale, Entwicklung und Grenzen der Online-Werbung, in: Fantapié Altobelli, C. (Hrsg.): Print contra Online? Verlage im Internetzeitalter, München: Fischer, 2002, S. 153-157.

Wirtz, Bernd W. (2000a): Rekonfigurationsstrategien und multiple Kundenbindung in multimedialen Informations- und Kommunikationsmärkten, in: Zeitschrift für betriebswirtschaftliche Forschung (ZfbF), Jahresinhaltsverzeichnis 2000, 52 Jg., S. 290-306.

Wirtz, Bernd W. (2000b): Medien- und Internetmanagement, Wiesbaden: Gabler, 2000

Wirtz, Bernd W. (2001): Medien- und Internetmanagement, 2. vollständig überarbeitete und erweiterte Auflage, Wiesbaden: Gabler, 2001.

Wirtz, Bernd W./Kleineicken, Andreas (2000): Geschäftsmodelltypologien im Internet, in: Wirtschaftswissenschaftliches Studium (WiSt), 29. Jg., Nr. 11, 2000, S. 628-635.

Wissenschaftlicher Rat der Dudenredaktion (Hrsg.) (1990): Duden Fremdwörterbuch, 5., neu bearb. u. erw. Aufl., Mannheim u.a.: Dudenverlag, 1990.

Witte, Eberhard/Senn, Joachim (1984): Zeitungen im Medienmarkt der Zukunft, Stuttgart: Schäffer-Poeschl, 1984.

Wöhe, Günther (2000): Einführung in die allgemeine Betriebswirtschaftslehre, 20., neubearb. Aufl., München: Vahlen, 2000.

Wolff, Volker (2002): Berichterstatter oder Verkäufer? Zur Rolle des Journalisten im Internet- Zeitalter, in: Rolke, L./Wolff, V. (Hrsg.): Der Kampf um die Öffentlichkeit – Wie das Internet die Macht zwischen Medien, Unternehmen und Verbrauchern neu verteilt, Neuwied: Luchterhand, 2002, S.103-112.

Zerdick, Axel/Picot, Arnold /Scharpe, Klaus/Artope, Alexander/Goldhammer, Klaus/ Lange, Ulirch T/ Vierkant, Eckhart./Lopez-Escobar, Esteban./Silverstone, Roger (1999): Die Internet-Ökonomie – Strategien für die digitale Wirtschaft, 2. erw. und überarb. Auflage, Heidelberg u. a.: Springer, 1999.

Zerdick, Axel/Picot, Arnold /Scharpe, Klaus/Artope, Alexander/Goldhammer, Klaus/ Lange, Ulirch T/ Vierkant, Eckhart./Lopez-Escobar, Esteban./Silverstone, Roger. (2001): Die Internet-Ökonomie – Strategien für die digitale Wirtschaft, 3. erw. und überarb. Auflage., Heidelberg u. a.: Springer 2001.

Ziegert, Susanne (2001): Verlage starten digitalen Pressespiegel, in: Die Welt, Ausgabe vom 27.03.2001, S. 15.

Ziegler, Manfred/Becker, Andreas (2000): Neue Geschäftsmodelle für Zeitungen im Internet, in: BDZV (Bundesverband Deutscher Zeitungsverleger e.V.) (Hrsg.): Zeitungen 2000, Berlin: ZV-Verlag, 2000, S. 162-171.

Zoubek, Holger (2001): Mobil in der virtuellen Welt, in: Süddeutsche Zeitung, Ausgabe vom 21.02.01, S. 13.

Zschau, Oliver/ Traub, Dennis/ Zahradka, Rik (2002): Web Content Management – Websites professionell planen und betreuen, 2., überarbeitete und erweiterte Auflage, Bonn: Galileo, 2002.

II. Internet-Dokumente

BDZV (2002b): „Zeitungen sind interessante Anbieter für lokale Inhalte auf mobilen Endgeräten" / Pressemitteilung des Bundesverbandes Deutscher Zeitungsverleger e.V. vom 13.05.2002", in: http://www.bdzv.de/cgi-bin/pd.pl?publikation=420&template=arttexts&redaktion=42&artikel=102147456, zugegriffen am 27.08.02.

Böning-Spohr, Patricia/Hess, Thomas (2002): „Geschäftsmodelle inhalteorientierter Online-Anbieter, Nr. 1/2000", in: http://www.wirtschaft.tu-ilmenau.de/deutsch/institute /wi/wi2/Lehre/GPOIII/Geschaeftsmodelle.pdf, zugegriffen am 10.10.02.

Bundesministerium des Inneren/IT-Stab-Projektgruppe BundOnline 2005 (Hrsg.) (2003): „Land Baden-Württemberg", in: http://www.bund.de/Verwaltung-in-Deutschland/Bundeslaender/Baden-Wuerttemberg.5306.htm, zugegriffen am 01.06.03.

COMMUNICATION Presse und PR (2002): „Das jobcenter von sueddeutsche.de überzeugt durch die Qualität seines Online-Angebotes", in: http://www.communicationmunich.de/presse/020613sz-de_jobcenter.shtml, zugegriffen am: 15.09.02.

Dokumentations- und Informationszentrum, München (2002a): „SZ-Aboarchiv", in: http://szabo.diz-muenchen.de/html/szaboreg.html", zugegriffen am 21.09.02.

Dokumentations- und Informationszentrum, München (2002b):„Wir über uns – DIZ- Ihr Informationspartner", in: http://www.diz-muenchen.de/html/wir.html, zugegriffen am 21.10.02.

Eßwein, Petra (2002): „Pressemitteilung: Süddeutsche wird im Web persönlich – Netpionier realisiert Personalisierungsplattform für www.sueddeutsche.de", in: http://www.netpionier.de/aktuell_mitteilungen_seite.html#, zugegriffen am 28.09.02.

Gates, Bill (1996): "Content is King" , in: http://www.microsoft.com/billgates/columns/1996essay/essay960103.asp, zugegriffen am: 10.09.02.

Gates, Bill (1998): "Is programming a poor profession?", in: http://www.microsoft.com /billgates/columns/1998q&a/QA4-8.asp, zugegriffen am: 08.07.02.

Gates, Dominic (2002a): „Future of the News – News sites hustle for profability", in: http://www.ojr.org/ojr/future/1026348638.php, zugegriffen am 10.09.02.

Gates, Dominic (2002b): "The Future of the News – Newspapers in the digital age", in: http: //www.ojr.org/ojr/future/1020298748.php, zugegriffen am 10.09.02.

Google (2002): „Unternehmensprofil – Über Google", in: http://www.google.de/intl/de/profile.html, zugegriffen am 10.10.02.

Helmreich, Tristan (2002): „Pressemitteilung: „Pay for Content - Bereitschaft für Online-Tageszeitungen am größten", in: http://www.emind.emnid.de/downloads/presse/20024101PayforContent.pdf, S.1, zugegriffen am 25.09.02.

Henze, Mischa (2002a): „Zahlungsbereitschaft für Online-Informationen", in: http://www.acta-online.de/praesentationen/acta_2002_h.zip, S. 2, zugegriffen am 26.09.02

Henze, Mischa (2002b): „ACTA 2001: Entwicklungen von eCommerce", in: http://www.acta-online.de/praesentationen/henze_2001.pdf, S. 10, zugegriffen am 15.08.02.

Landesanstalt für Kommunikation Baden-Württemberg (2002): „Pressemitteilungen der LfK PM 11/02 vom 19.04.2002“, in: http://www.lfk.de/ zugegriffen: am 25.05.03

Lehmann, Sebastian (2002a): „Pressemitteilung vom 30.07.2002 - sueddeutsche.de startet Kfz-Portal“, in: http://www.sueddeutscher-verlag.de/index.php?sub=yes& parent=0&idcat =135&idart=402; zugegriffen am 26.08.02.

Lehmann, Sebastian (2002b): „Pressemitteilung vom 06. Juni 2002 – Neues Job-Portal unter sueddeutsche.de“, in: http://www.sueddeutscher-verlag.de/index.php?sub=yes &parent=0&idcat=135&idart=354, zugegriffen am 27.08.02.

Lehmann-Wilzig, Sam (2002): “Print newspapers will be put out of business - and it will be a death of a thousand small cuts”, in: http://www.ojr.org/ojr/future/1019690650. php, zugegriffen am 28.08.02.

Letzsch, André (2002): „Zeitungen-online“, in: http://www.bdzv.de/online/zeitung.htm, zugegriffen am 05.09.02.

Medien System Haus (2003): „Kurzprofil“, in: http://www.msh.de/basic/index.htm, zugegriffen am 05.06.03.

Münchner Kreis (Hrsg.) (2000): „2014 – Die Zukunft von Information, Kommunikation und Medien. Expertenforum des Münchner Kreis“, in: http://www.muenchner-kreis.de/deut/Zukunft.pdf, S. 27, zugegriffen am 26.07.02.

Netpionier (2002): „Referenzen“, in: http://www.netpionier.de/referenzen_1_seite.html; zugegriffen am 28.09.02.

Neuberger, Christoph (2002a): „Die Zeitungen haben das Internet nicht als journalistisches Medium begriffen“, in: http://www.onlinejournalismus.de/webwatch/interview neuberger.shtml, zugegriffen am 15.08.02.

Nua Internet Surveys (2002): “How many Online?”, in: http://www.nua.com/surveys/ how_many_online/index.html, zugegriffen am 11.11.02.

Online Dienst Nordbayern (2002): „Der Vollservice-Provider für Nordbayern“, in: http://www.odn.de/spektrum/index.html, zugegriffen am 24.08.02.

Online Marketing Service GmbH (2002a): „Wir über uns – Historie“, in: http://www.oms-kombi.de/historie.html, zugegriffen am 23.08.02.

Online Marketing Service GmbH (2002b): „Portfolio“, in: http://www.oms-kombi.de/ reichweiten.html, zugegriffen am 12.09.2002.

Panten, Gregor/Paul, Claudius/Runte, Matthias (2001): „Community Building effizient gestalten“, in: http://www.communityresearch.de /virtual2.pdf, zugegriffen am 05.11.02.

Pressemonitor (2002): „Aktuelle Preisliste“, in: http://www.pressemonitor.de/index_ dienst.html, zugegriffen am 27.07.02.

Price Waterhouse Coopers (2002): „Content Syndication – Wie das Internet die Wertschöpfung der Medien verändert – 28 Hypothesen“, in: http://www.pwc.de/ 30000_publikationen/ getattach.asp?id=378, S. 5, zugegriffen am: 25.10.02.

Quality Channel (2002a): „sueddeutsche.de – Preisliste 2002“; in: http://www.quality-channel.de/kontent/preise/pdf/partner_preise_22.pdf, zugegriffen am 27.10.02.

Quality Channel (2002b): „Werbeformen“, in: http://www.quality-channel.de/kontent/ werbeformen/, zugegriffen am 27.10.02.

Quality Channel (2003): "sueddeutsche.de – Portrait – Zielgruppe", in: http://www.quality-channel.de/kontent/partner/partner.php?id=22&nr=12, zugegriffen am 08.02.03.

Rada, Holger (2000): „Vom Marketinginstrument zum Webmagazin: Zur historischen Entwicklung der Internet-Zeitung", in: http://www.heise.de/tp/deutsch/inhalt/on/8569/1.html, zugegriffen am 10.09.02.

Rappa, Michael (2002): "Managing the digital Enterprise - Business Models on the Web", in: http://digitalenterprise.org/models/models.html, zugegriffen am 16.08.02.

Schulz, Rüdiger (2001a): „Zeitung im Internet: Verdrängungswettbewerb oder Ergänzung? Eine Zwischenbilanz" ,in : http://www.medientage-muenchen.de/archiv/pdf_2001/schulz_ruediger.pdf, zugegriffen am: 03.08.02.

Stuttgarter Nachrichten (2003): „Werbeformen", in: http://www.stuttgarter-nachrichten.de/stn/page/detail.php/16813, zugegriffen am 01.06.03.

Stuttgarter Zeitung (2003a): „Online-Service", in: http://www.stuttgarter-zeitung.de/stz/online-service/index.php am 03.06.03.

Stuttgarter Zeitung (2003b): „Kooperation statt Konzentration – Das Stuttgarter Modell ist einzigartig in Deutschland", in: http://www.stuttgarter-zeitung.de/stz/page/detail.php/452403, zugegriffen am 01.08.03.

Süd-DATA (2002): „Süd-DATA – Organisatorische Einheiten", in: http://www.sued-data.de/start.htm, zugegriffen am 10.10.02.

Süddeutscher Verlag (2002a): „Zeitungen: Aktuelles und Analyse, Meinung und Unterhaltung für Millionen von Lesern", in: http://www.sueddeutscher-verlag.de/index.php?idcat=2; zugegriffen am 23.10.02.

Süddeutscher Verlag (2002b): „Fachinformationen: Marktführend bei Zeitschriften, Büchern und Dienstleistungen in ausgewählten Bereichen"; in: http://www.sueddeutscher-verlag.de/index.php?idcat=35, zugegriffen am 23.10.03.

Süddeutscher Verlag (2002c): „SV-Druckzentrum Steinhausen", in: http://www.sueddeutscher-verlag.de/index.php?idcat=34, zugegriffen am 23.10.20.

Süddeutscher Verlag (2002d): „Dienstleistungen – Unternehmerisches Engagement über das Kerngeschäft hinaus", in: http://www.sueddeutscher-verlag.de/index.php?idcat=105, zugegriffen am 26.10.02.

Süddeutscher Verlag (2002e): „Geschäftsfelder - elektronische Medien", in: http://www.sueddeutscher-verlag.de/index.php?idcat=97; zugegriffen am 23.10.02.

Süddeutscher Verlag. (2002f): „sueddeutsche.de verzeichnet laut ACTA 2002 deutlichen Zuwachs", in: http://www.sueddeutscher-verlag.de/index.php?sub=yes&parent=0&idcat=135&idart=476#, zugegriffen am 16.11.02.

Süddeutscher Verlag (2002g): „Lesen und Verkaufen: die virtuellen Shops des Süddeutschen Verlages", in: http://www.sueddeutscher-verlag.de/ index.php?idcat=138; zugegriffen am 19.10.02.

Süddeutscher Verlag (2002h): „Süd-DATA Systemhaus GmbH - Service, digitale Zeitungsproduktion und Workflow", in: http://www.sueddeutscher-verlag.de/index.php?idcat=106, zugegriffen am 10.10.02.

W&V (2001): „Großes Marktvolumen der Online-Werbung bleibt ungenutzt“, in: http://www.wuv.de/news/archiv/4/a30743/index.html, zugegriffen am: 06.09.02.

W&V (2003): „Daten und Fakten - ZAW: Netto-Werbeeinnahmen erfassbarer Werbeträger in Deutschland“, in: http://www.wuv.de/daten/medien/charts/052003/744/index.html, zugegriffen am 07.08.02.